박주원 변호사의
생활법률 특강

law in
everyday life

박주원 변호사의
생활법률 특강

글 박주원, 한정수 그림 강소민

/ 만화로 쉽게 알아보는 최신 판례 /

머리말

이 책의 시작은 소박합니다. 2024년 1월, 당시 업무용 메일함에 쌓여만 가던 최신 판례 공보를 '내 것'으로 소화해야겠다는 신년 다짐이 그 시작이었습니다. 최신 판례를 공부할 겸 사람들이 관심을 가질 것 같은 판례를 추려서 그림 작가님과 아내의 도움을 받아 인스타그램을 통해 연재를 했습니다. 그러다 보니 감사히 출판 제의를 받게 되어 기존에 연재했던 내용을 바탕으로 그동안 툰에서 담을 수 없었던 저의 생각들을 덧붙여 책을 출간하게 되었습니다. 책 속 이야기들을 어떻게 생각하고 풀어내게 되었는지는 결국 제가 어떤 길을 걸어왔는지와 밀접히 닿아 있습니다. 그래서 독자 여러분께서 저를 조금 더 아시면, 독서에 도움이 될까 싶어 제 이야기도 덧붙입니다.

저는 대구대학교 사범대학 특수교육과를 졸업해서 수년간 학교 현장에서 특수교사로 근무했습니다. 잠시였지만 관심 있던 도시형 대안학교에서 있어 보기도 했지요. 교실에서 학생들과 함께하였던 다양한 경험을 바탕으로 전북대학교 법학전문대학원에서 법학을 공부했고 현재는 변호사로 일하고 있습니다. 그리고 가해자와 피해자 모두를 좀 더 깊이 알고 싶어 경기대학교 범죄심리학과 박사과정에 진학했고 현재 수료까지 하였습니다.

변호사가 된 이후에 가장 많이 듣는 질문은 "특수교사와 변호사는 전혀 다른 직업인데 왜 변호사가 되었나요?"입니다. 이 질문을 받을 때마다 항상 고개를 갸웃거리면서 '그렇게 다른가? 뭐가 그렇게 다르지?'라고 생각하게 됩니다. 차이점이 있긴 하지만 공통점도 많이 있거든요.

가장 핵심적인 공통점은 '사람을 만나서 이야기를 많이 해야 한다'는 것이 아닐까 싶습니다. 모든 교사가 학생과 소통해야 하지만, 특수교사는 특히 아이들의 말을 더 많이 들어야 합니다. 변호사도 많은 사람을 만나서 그들의 이야기를 들어야 하죠. 다양한 의뢰인분들을 상담하다 보면 다양한 학부모님, 아이들과 상담하던 때도 생각납니다. 대화의 주제가 달라졌을 뿐이지 근본적으로 경청이 중요하다는 점은 동일합니다. 또한 특수교육은 간단하게 말하면 '아이의 눈높이에 맞춘 교육'이죠. 변호사 역시 다양한 의뢰인에게 법률적인 정보와 서비스를 의뢰인의 눈높이에 맞춰 제공하는 것이기에 특수교사나 변호사나 기본적인 구조는 같다는 생각을 할 때가 많습니다.

특수교육은 아이를, 사람을 세심하게 이해하고 사랑하는 것에서부터 출발합니다. 사실 이 책의 내용도 제가 할 수 있는 만큼, 독자 여러분께도 그렇게 전해드리고자 했습니다. 이 책은 판례와 저의 경험, 생각을 바탕으로 만든 책입니다. 만약 독자 여러분께서 이 책의 내용 중에 이해가 잘되는 부분이 있다거나, 신선한 시각으로 보이는 법률 정보가 있다면 아마 제가 특수교사 출신의 변호사라 그러지 않을까 싶습니다.

판례는 완결된 진리가 아닙니다. 시대와 가치관에 따라 관점이나 생각이 달라집니다. 때로는 동의하기 어려운 결론도 있습니다. 그렇기에 우리는 많이 고민하고, 더 나은 기준을 제시할 수 있어야 합니다.

각 장 말미에 토론이 가능한 부분에는 관련 내용을 덧붙였습니다. 정답을 맞히는 문제가 아니라, 어떤 근거로 그렇게 생각하는지를 분명히 설명하는 연습입니다. 논점을 벗어나지 않는 범위에서 자유롭고 비판적으로 사고해 주시길 바랍니다. 저는 나이를 불문하고, 독자 여러분들께서 충분히 우리 사회의 다양한 문제에 대해 고민해주시기를 바라는 마음에서 글을 준비했습니다. 우리의 고민은 당장 빛을 발하지 못할 수 있습니다. 하지만 그 생각들이 쌓이고 다져지면, 어느 순간 기준이 바뀌고 세상은 크게 변화할 겁니다.

마지막으로, 멋진 작업으로 책에 생명을 불어넣어 주신 그림 작가님, 이 기획을 믿고 함께해 주신 예문사 관계자 여러분, 그리고 언제나 가장 가까운 자리에서 조언과 응원을 아끼지 않는 아내에게 깊이 감사드립니다. 이 책이 독자 여러분의 일상과 법 사이를 조금 더 가깝게 만드는 작은 시작이 되길 바랍니다.

2025년 12월
전주시 만성동 사무실에서
박주원 변호사

목차

서문(Preface)　나쁜 사람도 변호해야 하나요?　　010

PART 01 이 정도 말이나 행동도 범죄가 된다고요?

TOPIC 01	동물을 사랑하는 마음이 다 정당행위가 될까요?	029
TOPIC 02	시청에서 난동 피운 사람, 공무집행방해일까요?	044
TOPIC 03	무심하게 뱉은 말들, 죄가 될 수 있다고요?	062
TOPIC 04	군대에서의 상관모욕죄는 왜 일반 모욕죄보다 엄격할까요?	075
TOPIC 05	문서 내용의 사소한 변경도 공문서변조죄에 해당할까요?	089
TOPIC 06	재판 선고 중 선고가 바뀔 수도 있나요?	103

PART 02 얼마 전까진 괜찮았지만 이제는 범죄라고요?

TOPIC 01	층간소음을 낸 것이 어째서 스토킹범죄가 될 수 있나요?	121
TOPIC 02	한 번의 부재중 전화도 교제폭력일 수 있습니다.	140
TOPIC 03	성적행위 장면이 없더라도 '성착취물'입니다.	153
TOPIC 04	잠시 정차한 차의 운전자는 운전 중으로 봐야 할까요?	166
TOPIC 05	음주운전을 하면 자동차마저 몰수될 수 있습니다.	179
TOPIC 06	억울한 벌금 내지 않을 방법이 있습니다.	192
TOPIC 07	무분별한 정식재판청구는 벌금을 늘릴 수 있습니다.	204

PART 03 이제는 피해자 변호사입니다.

TOPIC 01	피해자에게도 변호사가 필요합니다.	219
TOPIC 02	피해자의 권리에 관심을 가져야 할 때입니다.	231
TOPIC 03	피해자 국선변호사는 어떻게 일할까요?	247
TOPIC 04	피해자의 권리, 부족하지만 나아지고 있습니다.	265

부록 01	한눈에 정리하는 법정용어	276
부록 02	#해시태그 LIST	278

⚖️ 서문

#적법절차 #법치주의 #공공성 #인권 보호

나쁜 사람도 변호해야 하나요?

"변호사라는 길 위에서 '정의'와 '변호'의 의미를 묻다."

몇 년 전 제가 나온 법학전문대학원에 부탁을 받아 강연을 다녀온 적이 있습니다.

네~ 박주원 변호사입니다.

아무리 나쁜 사람이라도 수사기관이 위법하게 고문을 해서 자백을 했고 그 결과 유죄가 나왔다면, 이건 적법하고 올바른 재판이라 할 수 없으니까요.

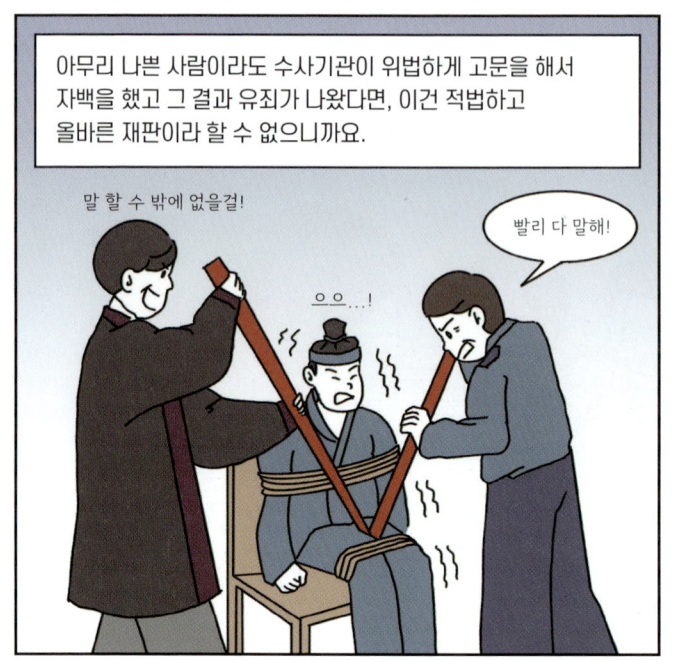

그러니 그것이 재판이라면, 어떤 재판에서든 변호인이 해야 하는 변론은 분명히 있습니다.

1 적법절차와 법률가의 책임에 대하여

서문에서는 법학전문대학원을 거쳐 현재 변호사로서 걸어온 지난 길을 한 번쯤 되짚어 보는 시간을 가져보고자 합니다. 본격적인 이야기를 시작하기에 앞서 '변호사는 누구이며, 어떤 일을 하면 좋을까?'라는 질문에 대한 답을 찾아보는 계기가 되었으면 좋겠습니다.

변호사가 되기 전 사범대학교 특수교육과를 전공하였고 실제 교육 현장에서 수년 간 특수교사로 근무하였습니다. 그때의 경험 덕분인지 종종 일선 학교나 교육청, 공공기관 등에서 법률 관련 강연 제의를 받곤 합니다. 어느 날, 졸업한 로스쿨에서 고등학생들을 초청한 행사가 있었습니다. 변호사가 되는 과정과 경험에 대해 들려달라는 요청을 받았고, 로스쿨 진학에 관련된 이야기와 이를 대비해 어떤 것을 준비하면 좋을지 등에 대한 강의를 진행했습니다. 그런데 강연이 끝난 후, 한 여고생이 조심스럽게 다가와서 이런 질문을 하더군요.

"변호사님, 나쁜 사람도 변호해야 하나요?"

사실 현직 변호사의 입장에서는 아주 당연한 말입니다. 형사재판의 경우 보통 법률적으로 '나쁜 사람'이라고 평가받는 사람들이 재판을 받으러 오니까요. 하지만 그 학생의 조심스럽고 진지한 표정을 보면서, '강연을 하면서 학생들에게 제대로 전달하지 못한 내용이 많았구나. 변호사가 되는 과정에 대해서만 전달

했지 변호사가 된다는 것이 어떤 의미인지에 대해서는 전달하지 못했다.'라는 반성의 시간을 갖게 되었습니다.

학생에게 대답을 해주기 전 짧은 시간 동안 굉장히 많은 생각이 지나갔습니다. 변호사는 '변호'를 하는 사람입니다. 좋은 일로, 좋은 사람을 위해서 정의로운 역할을 한다면 개인적·사회적으로 더욱 의미가 있을 겁니다. 하지만 세상에는 좋은 일, 좋은 사람만 있는 것은 아닙니다. 그리고 애초에 나에게 '좋은 일'이 다른 사람에게도 좋은 일일까요? 같은 결과라도 다른 사람의 입장에서는 '나쁜 일'이 될 수도 있습니다. 그렇다면 변호사가 변호하는 일은 좋은 일일까요, 나쁜 일일까요? 승소를 하면 좋은 일이고, 패소를 하면 나쁜 일일까요?

당시 그 학생의 의도는 '좋은 일'과 '나쁜 일'의 본질과 같이 심오한 것은 아니었습니다. "나쁜 사람을 변호하는 것이 옳은 일일까요? 나쁜 사람은 벌을 받아야 하지 않을까요?" 정도의 질문이었죠. 그렇기에 "피고인의 무죄만을 주장해서 피고인이 벌을 받지 않도록 하는 것만이 변호사의 역할은 아니다. 피고인이 자신이 지은 죄에 맞도록 넘치지 않게, 또 현재의 법률과 절차에 맞는 벌을 받도록 하는 것도 변호사의 일이다."라는 대답을 해주었습니다. 하지만 그 학생의 그 표정과 질문은 수년이 지난 지금도 계속 머리에 남아 있습니다.

변호사의 변호란 무엇이고, 좋은 사람과 나쁜 사람은 또 무엇인가... 로스쿨 진학 전 읽었던 마이클 샌델의 「정의란 무엇인가」가 생각나기도 했죠. 많은 사람들은 '정의'를 좋아하고 범죄자들이 엄벌에 처해야 한다고 말합니다. 동시에 범죄자들의 변호를 맡는 것을 좋아하지 않는 것도 같습니다. 그 학생의 질문은 변호사라는 직업을 바라보는 시선과 책임감에 대해 다시 생각해 보게 만드는 계기가 되었습니다.

앞서 언급한 것처럼 변호사는 무조건 '죄를 감추는 사람'이 아니라 정당한 절차를 통해 피고인의 권리가 지켜지도록 돕는 사람입니다. 설령 그 피고인이 무거운 죄를 지었더라도 「대한민국헌법」이 보장하는 '적법한 절차'와 '변호인의 조력'을 받을 권리가 있습니다. 이 권리는 누구에게나 있습니다. 피고인이 정말 나쁜 사람일지라도, 그 사람이 실제로 저지른 죄 이상의 형벌을 받거나, 고문을 받거나, 부당하게 자신이 저지르지 않은 부분까지 뒤집어써서는 안 된다는 것이 법치주의의 핵심이니까요.

변호사로서 추구해야 할 여러 가지 정의가 있지만 그중의 하나는 '누구나 법 앞에서 공정한 절차를 보장받아야 한다'는 헌법상의 원칙일 것입니다. 이를 지키는 것이야말로 법률가가 사회에 기여할 수 있는 '공공성의 실현'이 아닐까 싶네요.

2 적법절차, 정의, 그리고 변호사의 역할

「대한민국헌법」은 국민은 '적법'하게 '재판을 받을 권리'가 있음을 명시하고 있습니다. 아무리 나빠 보이는 사람이라고 해도 수사기관이 위법하게 고문을 했고, 그 결과 유죄가 나왔다면 이건 적법하고 올바른 재판이라고 할 수 없습니다.

> **관련 법률**
>
> 「대한민국헌법」제27조 제1항
>
> ① 모든 국민은 헌법과 법률이 정한 법관에 의하여 법률에 의한 재판을 받을 권리를 가진다.

이 헌법상의 원칙은 단지 범죄자의 인권 보호에 대한 단편적인 이야기가 아니라, '국가기관에게 적법한 재판을 해야만 한다는 헌법적 의무를 부여'한 것이라 해석해야 합니다. 만약 누군가가 범죄 혐의를 받는다는 이유만으로 간편한 절차와 위법한 행위를 통해 손쉽게 처벌받게 된다면 어떨까요. 어느 날 우리 자신도 똑같은 절차로 똑같은 위험에 처할 수 있습니다. 공정한 절차가 무너진 사회에서는 누구도 자신의 권리를 확신할 수 없게 됩니다.

해당 조항이 만들어진 때는 국민들이 국가기관으로부터 수차례 부당한 대우를 당했던 시기였습니다. 즉, 단순히 국민의 권리를 보장한다는 것 이상으로, 국가기관이 절차를 지켜야 한다는 이념으로 만들어진 조항인 거죠.

바로 이 지점에서 변호사의 역할이 명확하게 드러납니다. 앞서 말씀드렸듯 변호사는 단순히 피고인의 죄를 낮추거나, 벌을 받지 않게 하는 사람이 아닙니다. 변호사는 국가기관, 즉 수사기관과 법원이 법적 절차를 제대로 지키고 있는지를 감시하고 확인하는 역할을 합니다. 수사기관이 증거를 수집하는 과정에서 불법적인 행위를 저지르지는 않았는지, 법원이 피고인의 말을 충분히 들어주었는지 등을 확인하는 역할입니다. 물론 결과까지 책임지는 것은 어렵습니다. 변호사는 결과를 책임질 수는 없는 사람입니다. 그 과정이 위법하지 않도록 최선을 다하는 사람이라 보아야 할 것입니다.

이러한 역할 덕분에 죄를 지었다고 의심받는 사람들도 공정한 재판을 받을 수 있습니다. 역설적으로 들릴 수 있지만, 피고인의 권리를 지키는 것은 결국 우리 사회 전체의 정의를 지키는 것과 같습니다. 정의는 단지 결과의 옳고 그름만을 뜻하는 것이 아닙니다. 과정과 절차 역시 정의의 중요한 한 축을 이루고 있습니다.

실제로 맡았던 사건 중 법과 절차를 확인해야 했던 경우가 종종 있었습니다. 해당 사건의 피고인이 중범죄 사건으로 기소되었고, 수사기관에서는 그가 유죄라는 강한 증거를 내세웠습니다. 하지만 그 과정에서 수사기관이 피고인이 하지 않았던 말을 서류에 첨가하였다는 의혹이 있었습니다. 이 부분은 법정에서 밝혀졌고, 재판부는 우리의 주장을 받아들여 수사 과정의 위법성을 인정했습니다. 그 사건은 잘못 작성된 서류가 핵심 증거가 되어 피고인은 무죄를 받았습니다. 대부분의 수사기관은 적법하게 수사를 진행하지만, 사람이 하는 일이라 항상 완벽할 수는 없습니다. 변호사는 이런 부분을 짚어서 재판이 잘못된 길로 가지 않도록 최대한 감시하는 역할을 하는 셈이죠.

변호사의 역할은 '결과만을 위한 것이 아니라, 정의로운 과정과 절차를 지키는 데도 큰 의미'가 있습니다. 모든 사람이 법 앞에서 동등한 대우를 받고, 모든 절차가 법에 따라 적법하게 진행될 수 있도록 감시하고, 문제가 있다면 바로잡는 것이 변호사가 수행하는 가장 중요한 역할 중 하나라 하겠습니다.

앞서 언급한 학생의 질문으로 다시 돌아가 봅시다. "나쁜 사람도 변호해야 하나요?"라는 질문은 어쩌면 "법이 정한 절차와 원칙은 누구에게나 똑같이 적용되어야 하지 않나요?"라는 질문과 다르지 않을지도 모릅니다. 물론 반인륜적인 범죄를 저지른 범인 앞에서 감정적으로는 어려울 수 있습니다. 하지만 '사람'이라면 누구나 '법' 앞에서는 공정한 대우를 받아야 합니다. '법은 좋은 사람과 나쁜 사람을 가리지 않는다.' 그것이 바로 우리 헌법이 추구하는 가치입니다.

이제부터 만나게 될 사건들은 구체적이고 생생한 법적 분쟁의 현장을 살펴보게 해줄 것입니다. 그 과정에서 "변호사가 왜 필요한가?", "정의란 어떤 모습인가?" 같은 질문에 대한 답은 쉽게 내려지지 않을 수 있습니다. 그렇지만 그 질문들에 대한 고민 자체가 법과 우리 사회를 한 걸음 더 발전시키는 원동력이 되리라 생각합니다.

서문을 마치며 이 글을 통해 독자 여러분이 생활 속에서 일어나는 다양한 범죄와 법률의 모습을 보고, 변호사라는 직업을 조금 더 간접적으로 경험하고, 나아가 법과 정의에 대해서도 함께 고민할 수 있는 계기가 되었으면 합니다.

PART 01

이 정도 말이나 행동도 범죄가 된다고요?

prologue

　　우리나라는 「형법」이 처음 만들어진 몇십 년 전과 비교했을 때 세계적으로 몰라볼 정도로 시민 의식과 생활 수준이 높아졌습니다. 1996년 세계에서 29번째 회원국으로 OECD에 가입했고, 올림픽(1988년, 2018년)과 월드컵(2002년)도 성공적으로 치르는 등 세계적인 위상만 놓고 봤을 때는 순위를 앞에서 찾는 것이 당연한 수준이 되었습니다. 우리나라의 교육열 또한 세계에서 손꼽힌 지 오래되었습니다. 그러다 보니 자연스럽게 '법적 인식' 수준도 훨씬 올라갔죠. 예전에는 길거리에서 시비가 붙거나 술자리에서 말다툼이 있어도 "저 사람, 술을 좀 많이 마셨나 보네. 적당히 좀 마시지."라고 생각하며 넘어가곤 했습니다. 하지만 이제는 법조계에 일하는 사람이 아니더라도, "아무리 그래도 정도가 너무 심한데? 이 정도면 범죄에 해당하지 않나?"라는 의식이 많이 생긴 것으로 보입니다. 주변을 봤을 때 그런 경우에 실제로 고소·고발로 이어지는 사례도 많이 보이고, 그러면 정말로 행위자는 처벌까지 받는 경우도 늘어나죠. 과거의 행동들이 잘못되었다는 말이 아니고, 사람들의 교육과 인식 수준이 발달하며 자연스럽게 생기는 현상이라고 생각합니다.

사회가 복잡해지고 다양한 모습을 보이면서 사람들의 생활도 다채로워졌습니다. 그만큼 사람의 행동 표현 중 하나라 볼 수 있는 범죄도 다양한 모습으로 나타나게 되었죠. 책에서 말하고 있는 '생활 범죄'란 이런 우리의 현대 일상생활 속에서 볼 수 있는 범죄를 뜻합니다. 우리의 생각보다 범죄가 가까이에 있을 수도 있다는 의미를 나타내고자 쓰는 말입니다. 사실 법률적으로 '생활 범죄'라는 정확한 카테고리는 없습니다. 하지만 이 책에서는 우리 일상에서 자주 접하고, 비교적 사소해 보이지만 실제로는 법적 문제로 번질 수 있는 사건들을 편의상 '생활 범죄'라고 부르려고 합니다.

이 '생활 범죄'는 하나같이 작은 언행에서 시작하는 경우가 많습니다. '잠깐 욱해서' 한 행동이, "에이 이 정도야 괜찮겠지."라는 말이 현실에선 모욕죄, 폭행죄, 업무방해죄, 공무집행방해죄 등이나 또는 문서위조나 사기죄 같은 의외의 죄목으로 이어지기도 합니다. 평소에 큰 문제의식 없이 하던 말이나 행동이 쌓이다 보면 어느 순간 확실히 진짜 범죄가 될 수 있다는 말이죠.

PART 01에서는 정당한 시위라고 생각했지만 결국 불법 행위라고 인정된 사안, 시청 공무원의 행동이 맘에 들지 않아서 소란을 피운 사안, 직장 내에서 누군가를 야비하다고 했다거나, 군대 내에서 사격을 못 한다고 비아냥거린 사안 등 어찌 보면 일상생활에서 쉽게 볼 수 있는 상황들이 법적 다툼이 된 판례를 다루고 있습니다.

이제 다음 페이지부터는 최근 5년간의 판례들 중에서 '생활 속에서 일어난 과도한 언행이 결국 법정까지 가게 된' 사례들을 하나하나 들여다보려고 합니다. 어찌 보면 별거 아니었던 일들이 어떻게 형사사건으로 이어졌는지, 그리고 그 과정에서 어떤 법적 쟁점이 등장하는지 살펴보고, 함께 생각해 볼 수 있다면 더욱 좋겠습니다. 미처 몰랐던 부분을 알게 되면, 비슷한 상황을 겪었을 때는 이런 일을 피할 수도 있고, 주변에 다른 친구에게 도움을 줄 수도 있잖아요?

TOPIC 01

#정당행위 #업무방해 #사회통념 #동물권

동물을 사랑하는 마음이 다 정당행위가 될까요?

> "목적이 정말 선(善)하더라도, 수단과 방법이 과하면 범죄가 될 수 있다."

오늘은 정당행위에 관한 이야기입니다. 판결로 정당한 행위라고 인정을 받게 되면 무려, 무죄를 받을 수도 있거든요!! 어떤 요건이 있는지 최신 판례와 함께 알아볼까요?

'동물권'을 주장해 온 사람들이 동물권보호단체 회원들과 함께 닭고기를 만드는 공장에서 '공장식 축산 시스템' 반대 시위를 하다, 공장의 업무를 방해했다는 혐의가 된 사건입니다.

동물권은 현재 독일에서는 동물보호의 취지로 입법화된 부분이 있는데, 2025년 기준 우리나라에서도 동물이 법률상 '물건'인지 아닌지에 대해 국회에서 논의가 진행 중인 사안입니다.

정당행위인지 여부를 판단하기 위해서는 동기나 목적이 정당한지, 수단과 방법이 상당한지(적절한 행위인지), 침해되는 법익과 보호하는 법익 사이에 균형이 맞는지 등을 판단하게 됩니다. 이 사안에서의 시위도 그 동기나 목적은 정당하다 했습니다.

하지만 사람들이 생닭을 실은 트럭이 지나는 길에 드러누워 차량 진행을 방해한다거나, '닭을 죽이면 안 된다!!!'라는 플래카드를 걸고, 해당 구호를 외치며 노래를 부르는 등의 위력으로 공장 업무를 방해를 한 것이 인정되기 때문에

시위의 수단과 방법이 적절하지 않았고, 기업형(공장식) 축산 시스템 역시 우리나라에서 운영되는 생닭 제조·영업 방식 중 하나라 불법은 아니므로, 공장의 영업도 보호를 해줘야 하기 때문에 '정당행위'로 볼 수는 없으니 유죄 판결했습니다.

대법원에서는 만약 이번 사안에서 단순히 영업장 인근에서 구호를 외치는 정도의 시위라면 괜찮았을 것 같다는 취지의 이야기도 덧붙였네요.

1 사건 개요

최근 들어 '동물권(Animal Rights)'에 대한 관심이 크게 높아지고 있습니다. 공장식 축산이라는, 대량생산 시스템 속에서 길러지는 동물들이 열악한 환경에 놓여 있다는 지적이 끊임없이 제기되어 왔기 때문이죠.

이를 개선해야 한다고 주장하는 여러 단체나 시민 모임이 있습니다. 해당 사건은 이와 같은 주장을 가진 단체가 닭고기 가공공장 인근에서 펼친 시위에 대한 내용입니다. 시위대가 "이런 공장식 축산 시스템은 동물 학대와 진배없다!"라는 구호를 내걸고, 기업 운영에 문제를 제기하며 항의에 나선 것이죠.

이들의 구체적 행위는 다음과 같습니다. 생닭 운송 트럭이 지날 때마다 도로에 드러눕거나, 트럭을 둘러싸고 이동을 막는 등 강경한 수단을 사용했습니다. 또한, '닭을 죽이면 안 된다.'라는 플래카드를 곳곳에 설치하고, 큰 소리로 구호를 외치고 노래를 불렀죠. 이는 사실상 공장 업무가 정상적으로 이루어지기 어렵도록 만들었습니다. 결국 경찰은 시위가 과격해지자 시위대 중 일부 사람들을 업무방해죄 혐의로 현행범 체포하였고, 이후 이 사건 재판에까지 이르게 된 것으로 보이네요(업무방해죄에 대해서는 PART 01의 TOPIC 02에서 따로 말씀드릴게요).

2 정당행위란?

정당행위의 법적개념과 기준

「형법」에 정당행위 규정이 있는 이유는 무엇일까요? 목적이 좋다고 해서 모든 방법이 다 정당한 것은 아닙니다. 하지만 시위, 구조 행위, 직업윤리, 예술 표현 등 다양한 영역에서는 "법을 어긴 것처럼 보이지만, 이것이 모두 범죄인가?"라는 의문이 자주 생깁니다. 이런 경우 '정당행위' 여부가 쟁점이 되어 법정에서도 자주 다투곤 하죠.

앞선 만화에서도 보셨듯이, 시위대는 자신들의 행위를 '정당행위'라고 주장했습니다. 그럼 정당행위란 무엇인지 좀 더 자세히 알아볼까요?

> **관련 법률** 　　「형법」 제20조(정당행위)
> 법령에 의한 행위 또는 업무로 인한 행위, 기타 사회상규에 위배되지 아니하는 행위는 벌하지 아니한다.

법률 내용을 보면 ① 법령에 의한 행위, ② 업무로 인한 행위, ③ 기타 사회상규에 위배되지 않는 행위로 정당행위를 나누고 있습니다. 하지만 실제로 문제가 되는 행위를 명확하게 구분하는 게 쉽지는 않으므로, '법령에 의한 행위'와 '업무로 인한 행위'를 '사회상규에 위배되지 않는 행위'의 예시로 보는 게 자연스럽습니다.

법원에서 판단하는 기준을 살펴볼까요? 정당행위에 해당하기 위해서는 ① 그 행위의 동기나 목적의 정당성, ② 행위의 수단이나 방법의 상당성, ③ 보호이익과 침해이익의 법익 균형성,

④ 긴급성, ⑤ 그 행위 이외의 다른 수단이나 방법이 없다는 보충성이라는 다섯 가지 요건이 필요합니다(대법원 2023. 5. 18. 선고 2017도2760 판결 등).

구체적으로 살펴보는 정당행위 법적 요건

실제로 정당행위에 해당하는지를 법원이 판단할 때 살펴보는 법적 요건은 총 5가지로 다음과 같습니다. 해당 요건들은 대법원 판례에서도 꾸준히 강조됩니다. 다만 '긴급성'과 '보충성'은 '행위의 수단이나 방법의 상당성'을 판단할 때 참고사항일 뿐, 반드시 독립적인 필수요건으로 요구되지는 않는다는 점을 기억하면 좋을 거 같습니다.

행위의 동기나 목적의 정당성	• 행위의 동기나 목적이 사회윤리적으로 정당해야 함 • 행위자의 주관적 의도가 사회적으로 용인될 수 있는 가치를 추구하는 것이어야 함
행위의 수단이나 방법의 상당성	• 행위의 수단이나 방법이 그 목적 달성을 위해 사회통념상 상당하다고 인정되는 것이어야 함 • 지나치게 과도한 수단이나 방법은 정당행위로 인정받기 어려움
보호이익과 침해이익의 법익 균형성	• 보호하려는 이익과 침해되는 이익 사이에 균형이 있어야 함 • 보호이익이 침해이익보다 훨씬 큰 경우에 정당행위로 인정될 가능성이 높음
긴급성	• 행위 당시의 상황이 즉각적인 대응을 요하는 긴급한 상황이어야 함 • 충분한 여유가 있었는데도 취한 행위는 정당행위로 보기 어려움
보충성	• 다른 적법한 수단이나 방법이 없는 경우여야 함 • 최후의 수단이어야 함

정당행위로 인정되면 뭐가 달라지나요?

「형법」에서 말하는 '정당행위'란 법률이나 업무상 허용되거나, 사회상규(사회통념)에 어긋나지 않는 행동을 의미합니다(「형법」 제20조). 어떤 행위가 정당행위로 인정되면, 겉보기엔 법을 위반한 것처럼 보여도 형사상 처벌을 받지 않습니다. 예를 들어, 긴급한 구조를 위해 누군가의 문을 부수는 상황을 떠올리면 이해하기 쉽습니다. 문을 부수는 행위 자체는 재물을 손괴하는 행위로 처벌 대상입니다. 하지만 긴급 상황에서 경찰관이나 소방관, 혹은 일반인이 사람을 구하기 위한 행동이라면 '사회적으로 용인될 수 있는 행위'로 보고 처벌하지 않는 거죠. 또 일반 사람이 칼로 타인을 찌르면 범죄가 되지만, 수술 중인 의사가 메스를 사용하는 것은 정상적인 업무 수행으로 인정되어 처벌되지 않습니다.

3 좋은 목적으로 한 건데도 '정당행위'가 되지 못하나요?

행위의 동기나 목적의 정당성

이 사건의 1심과 2심은 시위대의 목적(동물권 보호)을 부정하지 않았으며, 법원 역시 시위의 취지에 공감할 여지가 있다고 봤습니다.

행위의 수단이나 방법의 상당성

문제는 법원이 '수단이 과도했다.'라고 판단한 점입니다. 공장 앞을 물리적으로 봉쇄해 업무를 중단시키고, 운송 트럭의 진행을 막아 실질적인 위력을 행사한 점, 해당 축산 공장이 현행법상 불법 행위를 했다고 볼 근거가 없었다는 점 등이 과도한 수단으로 평가되어 업무방해 혐의가 인정되었습니다.

침해되는 법익 vs. 보호되는 법익

해당 사건에서 침해되는 법익과 보호되는 법익의 균형을 보면, 보호되는 법익은 '동물권 등'이고 침해되는 법익은 공장의 '영업권 또는 영업의 자유 등'입니다. 시위대 측은 "공장식 축산은 동물을 학대하므로 이를 막기 위한 극단적 방식도 불가피하다."라고 주장했죠. 법원 역시 '동물권 보호'를 중요한 가치로 인정했지만, 현행 법체계상 공장식 축산 자체가 불법이 아니고, 공장의 영업권 역시 법이 보호하는 정당한 재산적 이익이라고 판단했습니다. 따라서 목적이 정당하더라도 과도한 방법으로 다른 사람(회사)의 합법적 업무를 직접적으로 방해하면 법익 균형이 무너진다고 본 것입니다.

추가로 대법원의 부연 설명을 덧붙이자면 다음과 같습니다. 대법원은 1·2심의 판단을 그대로 확정하면서, '만약 인근에서 구호를 외치거나, 정당한 절차를 밟아 집회를 신고하고 평화적으로 시위를 진행하는 정도였다면, 정당행위 내지 적법행위로 볼 가능성이 있었을 것'이라는 견해를 밝혔습니다. 즉, 정당한 목적을 위한 표현은 보장되어야 하지만 합법적으로 운영되는 공장의 업무를 실제 방해하는 수준이라면 사회상규에 부합한다고 보기 어렵다는 거죠.

가장 중요한 문제인 '수단과 방법'

시위나 집회는 민주사회의 중요한 권리입니다. 국민이 사회적 문제에 대해 관심을 갖고 적극적으로 목소리를 내는 것은 존중되어야 합니다. 그러나 그 방법이 지나쳐서 타인의 정상적 활동을 물리적으로 막거나 위협한다면, 법은 이를 범죄로 간주합니다. 이는 어떤 분야(환경·인권·사회운동 등)에서도 마찬가지입니다.

이 판결은 "좋은 의도가 무조건 '무죄'로 이어지는 것은 아니다."라는 사실을 다시금 상기시켜 줍니다. 동물권 문제에 대한 사회적 관심은 계속 커져갈 테니, 앞으로 비슷한 상황에서 법원도 동물권 보호가 얼마나 사회상규로 받아들여지고 있는지에 대해 더 신중하게 보게 될 것입니다. 그럼에도 불구하고, 폭력적·강제적 방식을 쓰는 순간 정당행위로 인정받기는 쉽지 않다는 것이 법원의 일관된 태도입니다.

의도가 좋다고 해서 모든 행동이 다 면책되는 것은 아닙니다. 정당행위가 되려면 목적의 정당성과 함께 수단의 적절성도 반드시 요구됩니다. 자신이 지키려는 가치만큼 법과 다른 이들의 권리도 존중해야 오히려 더 많은 공감을 얻을 수 있습니다.

독자분들도 시대의 흐름에 따라 '정당행위'의 범위가 달라질 수 있다는 점을 염두에 두고, 앞으로의 법과 판례 변화에 관심을 가져보시면 어떨까요? 언젠가 우리 사회가 동물권을 더 폭넓게 인정하게 된다면, 법원 역시 그 흐름에 발맞춰 새로운 판단을 내릴 날이 올지도 모릅니다.

4. 동물권, 어디까지 왔나?

더 알아보기

독일의 동물보호 입법

이번에 소개한 판례는 정당행위와 관련되기도 했지만, 동물권과도 관련되어 있습니다. 동물을 사랑하는 마음은 이해하기에 동물권과 관련된 다른 이야기도 좀 더 해볼까 합니다.

독일은 이미 헌법이나 관련 법률에서 동물보호를 명문화하고 있습니다. 동물을 단순히 재산으로 보는 것이 아니라, 일정한 권리 주체로서 보호해야 한다는 사상이 비교적 일찍 정착되었습니다. 예컨대 동물을 '고통 받는 존재'로 인식하고, 사육·도살 과정에서 동물 복지를 침해하지 않도록 세세한 기준을 두고 있습니다.

> **관련 법률**
>
> **「독일연방공화국 헌법」 제20조a(자연적 생명기반과 동물의 보호)**
> 국가는 미래 세대에 대한 책임의 일환으로 헌법질서의 틀 안에서 입법을 통해, 그리고 법률과 정의에 따라 행정권과 사법권을 통해 생명과 동물의 자연적 기반을 보호한다.
>
> **독일 「민법」 제90조a(동물)**
> 동물은 물건이 아니다. 동물은 특별법의 보호를 받는다. 다른 규정이 없는 한, 물건에 적용되는 규정은 동물에게도 준용된다.

그렇다면 우리나라는 어떨까요?

우리나라에서는 「민법」상 동물은 '물건'에 해당합니다(「민법」 제98조). 하지만 "동물은 물건이 아니다."라는 개념이 점차 확산되면서 「민법」 개정안이나 기타 관련 법안이 계속 발의되고 있습니다. 그럼에도 불구하고, 아직까지 '동물도 재산 중 하나'라는 기존 개념이 완전히 뒤집히지는 않았다고 볼 수 있습니다. 그러나 국민 인식은 분명 달라지고 있어 반려동물을 가족처럼 여기고, 극단적인 학대 행위에 대한 처벌을 강화하자는 목소리가 높습니다. 이 사건의 시위대 역시 이런 흐름 속에서 공장식 축산이 동물권을 심각히 침해하고 있다고 항변한 것으로 보입니다.

'동물'에 대한 우리나라 「민법」 개정안은 2025년 현재 지속적으로 논의 중입니다. "동물은 물건이 아니다. 다만 다른 법률에 특별한 규정이 없으면 물건에 관한 규정을 준용한다."라고 고치자는 의견, "동물은 감응력을 가진 존재로서 물건에 속하지 아니한다."라는 조항을 만들자는 의견 등 다양한 주장이 존재하나 아직 관련 법이 만들어지진 않았습니다.

우리나라 「민법」은 오래도록 "사람은 권리를 행사하는 주체이고, 물건은 그 주체가 다루는 객체이다."라는 단순한 두 축이 중심이었습니다. 「민법」의 순서도 '인(자연인), 법인, 물건, 법률행위 등'의 순서대로 진행되거든요. 이 구조만 놓고 보면 '자연인, 법인 그리고 물건을 둘러싼 법률행위'가 우리나라 「민법」에서 말하고자 하는 전체적인 구조라고도 할 수 있죠.

그 사이에서 '동물'을 어디에 놓을 수 있을까요? 사람과 동일한 권리의 주체로 놓을 수도 있겠지만 현실적으로는 대단히 어려워 보입니다. 그렇다면 결국 동물은 법적으로 '물건'의 지위가 될 수밖에 없었습니다. 실제로 「민법」 해석상 동물은 전기나 바람처럼 '관리 가능한 자연력'에 포함되고, 반려견이 다치면 냉장고가 고장 났을 때처럼 단순 시가로만 보상이 계산되는 현실이 이어졌죠. 하지만 반려 가족이 크게 늘고, 학대 사건에 분노하는 여론이 커지면서 "동물은 물건이 아니다."라는 한 문장을 「민법」에 새겨 넣자는 목소리는 점점 힘을 얻고 있습니다.

왜 '동물은 물건이 아니다.'라고만 쓰는데도 어려울까요?

조문 하나만 바꾸면 끝일 것 같지만 실제로는 손댈 부분이 많습니다. 동물은 물건이 아니며 보호해야 한다는 취지 자체는 매우 좋습니다. 다만, 그 이상의 길을 가려면 '동물의 법적 지위를 사람과 같게 봐야 하는가?', 아니면 '동물은 사람도 물건도 아닌 별도의 특별한 존재가 되어야 하는가?'라는 기초적인 개념부터 다시 잡아야 합니다. 그 후 동물과 가축의 구분 및 구분 방법, 식용 동물에 대한 처우, 동물 실험 규정, 가축 담보 대출, 나아가 상속 여부 등 관련 법을 줄줄이 개정해야 합니다. 단순히 법률 하나 바꾸는 것으로 생각하기에는 너무 많은 후속 조치가 필요합니다.

그래도 개정이 필요하다는 쪽에서는 다른 나라의 케이스를 예로 들곤 합니다. 독일은 1990년에 "동물은 물건이 아니다. 다만 특별 규정이 없으면 물건 규정을 준용한다."라는 짧은 조항을 먼저 넣었고, 그 뒤 30여 년 동안 학대 처벌과 복지 기준을 조금씩 보강해 왔습니다. 반면 일본은 「민법」을 그대로 두되 형사 처벌 수위를 크게 올렸는데, 민사 배상과 압류 문제는 아직 공백이 많다고 하죠. 두 나라의 케이스 중 어느 길이 우리에게 더 맞을까요? 혹은 이외의 다른 방법이 있을지 고민이 필요해 보입니다.

 **토론 거리**

어느덧 2025년 기준 약 1,500만명이 반려동물과 함께 살고 있다고 합니다. 전체 인구의 약 30% 이상이라고 하죠. 이렇게 변화하고 있는 현실과 국민 정서를 감안하고, 동물과 상생하는 장기적인 관점으로 보았을 때 법이 과거에 머물러 있어서 될 일은 아니라는 점은 명확합니다. 다만, 구체적으로 법을 어떻게 바꾸는 것이 좋을지에 대해 많은 고민이 필요해 보입니다.

동물권, 과연 어디까지 인정될 수 있을까요? 법이 개정된다면 관련 판결이 달라질 가능성이 있을까요? 또한, 합법적인 표현의 자유는 어디까지일지 어떤 방식으로 의견을 표출해야 할지 같이 고민해 봅시다.

참고 판례

대법원 2024. 8. 1. 선고 2021도2084 판결

동물권 단체의 공장식 축산 반대 시위가 정당행위로 인정되지 않는다고 판시하였다. 다만 목적 자체의 정당성을 부정하지는 않았다.

참고 법령

「형법」제20조(정당행위)

법령에 의한 행위 또는 사회상규에 위배되지 아니하는 행위는 벌하지 아니한다.

「형법」제314조 제1항(업무방해)

① 제313조의 방법 또는 위력으로써 사람의 업무를 방해한 자는 5년 이하의 징역 또는 1천500만원 이하의 벌금에 처한다.

TOPIC 02 `#공무집행방해` `#업무방해` `#적법한 공무집행` `#공무원 폭행`

시청에서 난동피운 사람, 공무집행방해일까요?

"민원은 소통이며, 소통은 상호 존중에서 시작된다."

피고인은 기존에 상해죄, 공무집행방해죄 등으로 이미 여러 번 징역형 받았던 분입니다. 피고인은 시청에 술을 마시고 찾아가 민원실에서 휴대전화 볼륨을 높여 음악을 크게 틀고 소란을 피우기 시작했습니다.

공무원 A가 피고인에게 다가가 "볼륨 좀 줄여주세요. 무슨 일로 오셨나요?" 라고 말을 걸었어요. 그러자 피고인은 "야이 씨X 너희가 똑바로 해야지. 야이 씨X 호로XX들아~ 너희들이 똑바로 해야지!!"라고 계속해서 소리를 지르고 난리를 피웠습니다.

그런데 해당 사안은 1심과 2심에서 공무집행방해죄가 성립하지 않았습니다. 우리 독자분들은 혹시 그 이유를 맞춰보실 수 있을까요? 법리적으로 생각하면 아주 이해가 되지 않는 것은 아닙니다.

공무집행방해죄는 "공무원의 직무집행이 적법한 경우에 한하여 성립하는 것으로, 이러한 적법성이 결여된 직무행위를 하는 공무원에게 대항하여 폭행이나 협박을 가하였다고 하더라도 이를 공무집행방해죄로 다스릴 수는 없다."라는 것이 기본적인 대법원의 입장입니다.

또 민원인은 행정기관에 부당한 요구를 하거나 다른 민원처리를 지연시키는 등 방해를 하면 안 됩니다. 하지만 피고인의 욕설과 소란으로 민원 업무가 방해되었고, 다른 사람들의 안전도 걱정되는 점을 고려하였습니다.

그런 상황을 종합하면 담당 공무원이 피고인을 사무실 밖으로 데리고 나가는 과정에 팔을 잡는 등 다소 물리력을 행사하였더라도, 그 정도는 위법하지 않다고 했습니다.

아울러 요즘에는 관공서 주취 소란행위 등으로 담당 공무원에게
폭력을 저지르는 경우도 많아서, 소란을 피우는 민원인을
제지하거나 사무실 밖으로 데리고 나가는 행위도
민원 담당 공무원의 직무에 수반되는 행위로 본다 하였네요.

사실 이런 판결은 그냥 나오는 것이 아니에요.
사건을 맡은 검사가 원심의 판결에 문제점을 느끼고
법원의 판결을 바꾸기 위해서 많은 관련 법을 연구하고,
법리를 주장한 결과라고도 볼 수 있습니다.

이 사건에서 법원은 피고인의 팔을 잡아 내보내는 행위를 공무원의 직무 범위로 인정했지만, 실제 상황에서는 쉽게 판단하기 어렵습니다. 잘못된 행동 같지만 무조건 물리력부터 행사할 수도 없고, 그렇다고 내버려두자니 업무를 볼 수도 없는 상황은 상상만으로도 힘드네요.

지난 화에서는 업무방해죄의 내용이었고, 이번 화는 공무집행방해죄의 이야기였습니다. 두 법은 이름부터 비슷한 것 같지만 은근 다른 부분이 있답니다. 어떤 점이 같고, 무엇이 다른지를 생각하며 봐주시면 더 재밌을 거예요!

1 사건 개요

한 시청의 민원실, 어느 날의 점심시간이었을 거에요. A 씨는 술에 취한 상태로 이 민원실을 찾아왔습니다. A 씨는 휴대전화 볼륨을 크게 높여 음악을 틀고, 노래도 부르면서 소란을 피웠습니다. 이를 본 공무원들은 민원 내용을 물어보며 A 씨를 진정시키려고 했지만, 오히려 A 씨는 "너희가 똑바로 해야지!"라는 식으로 소리를 지르기만 할 뿐 상황은 쉽게 나아지지 않았습니다. 이런 A 씨의 행동에 겁을 먹는 다른 민원인들도 있었어요.

결국 보다 못한 민원실 내 공무원 B 씨와 C 씨가 A 씨의 지나친 행동을 제지하기 위해 A 씨의 손과 팔을 잡고 사무실 밖으로 강제로 끌어내려고 했습니다. 그러자 A 씨는 크게 화를 내며 B 씨의 옷을 찢어버리고, 가지고 있던 휴대전화로 B 씨의 얼굴을 때리는 폭행까지 하게 됩니다. 이로 인해 A 씨는 결국 「형법」상 '공무집행방해죄'로 재판을 받게 되었습니다.

2 무엇이 문제일까요?-관련 법률과 A 씨의 행동

> **관련 법률** 「형법」 제136조 제1항(공무집행방해)
> ① 직무를 집행하는 공무원에 대하여 폭행 또는 협박한 자는 5년 이하의 징역 또는 1천만원 이하의 벌금에 처한다.

정말로 '공무집행방해죄'에 해당하나요?

- '직무를 집행하는'이란? : '공무원이 직무수행에 직접 필요

한 행위를 현실적으로 행하고 있는 때만을 가리키는 것이 아니라, 공무원이 직무수행을 위하여 근무 중인 상태에 있는 때를 포괄'하는 상태를 말합니다(대법원 2002. 4. 12. 2000도3485 등). 이 사건에서 공무원들은 근무 시간에 정상적인 근무 중이었습니다.

- 상대방이 '공무원'인지? : A 씨는 시청에서 근무하고 있는 공무원(주민생활복지에 대한 통합조사 및 민원 업무 담당자)을 폭행하여 문제가 되었으니, 상대방이 공무원이네요.
- '폭행'인지? : A 씨는 휴대전화 볼륨을 키워 음악을 듣거나 소리를 질렀습니다. 나중에는 결국 멱살을 잡거나 휴대전화를 휘둘러 뺨을 때리는 등 폭행을 했습니다(보통 '폭행'은 불법행위입니다!).

3 비슷하지만 다른 범죄, 공무집행방해죄와 업무방해죄의 차이점

우리나라 「형법」에는 공무집행방해죄와 비슷하게 보이는 범죄가 하나 더 있는데, 눈치 빠른 독자분들 중에 아시는 분 계실까요? PART 01의 TOPIC 01을 잘 보셨다면 모두 알 수 있는 범죄입니다. 바로 업무방해죄인데요. 공무집행방해죄와 업무방해죄는 언뜻 보면 이름이 비슷해 보이기도 합니다. 같은 듯, 다른 듯한 이 두 범죄, 뭐가 다른지 살펴보고 넘어갈게요.

업무방해죄란?

> **관련 법률**
> 「형법」 제314조 제1항(업무방해)
> ① 제313조의 방법(허위사실유포·위계) 또는 위력으로써 사람의 업무를 방해한 자는 5년 이하의 징역 또는 1,500만원 이하의 벌금에 처한다.

법 조문을 잘 살펴보면 차이점을 바로 알 수 있습니다. 공무집행방해죄는 '직무를 집행하는 공무원에 대하여 폭행 또는 협박'을 하지 말라고 했습니다. 반면, 업무방해죄는 '허위사실유포·위계 또는 위력으로써 사람의 업무를 방해'하지 말라고 한 것이 차이점입니다.

구분	공무집행방해죄 (「형법」 제136조 제1항)	업무방해죄 (「형법」 제314조 제1항)
상대방 (피해자)	공무원 (적법한 직무를 수행 중인 경우)	일반 개인 또는 법인 (누구든지 업무를 가지고 있는 '사람')
방해 행위 (방법)	폭행·협박	허위사실유포, 위계, 위력 (물리력 포함)
중점이 되는 보호 법익	국가의 기능(공무수행의 원활성), 공익	개인(사인)의 업무 진행 및 경제·사회적 활동 보호
법정형 (기본)	5년 이하의 징역 또는 1천만원 이하의 벌금	5년 이하의 징역 또는 1,500만원 이하의 벌금
예시	민원실 공무원 폭행, 경찰관 폭행, 세무 조사원 폭행 등	음식점에서 30분간 주문을 받지 못하게 방해, 허위사실 유포로 회사 영업 방해 등

A 씨의 경우 상대방이 공무원이었고, '폭행'이라는 직접적 물리력을 사용해 공무를 집행하는 과정에 장애를 주었으므로 업무방해죄가 아닌 공무집행방해죄가 성립한 것입니다.

변호사가 바라본 현재 공무집행방해죄와 판례

　사실 개인적인 생각이지만, 현재 공무집행방해죄와 판례의 입장에는 아쉬운 점이 3가지 있습니다.

　첫째는 이름을 잘못 지은 것이 아닌가 싶은 부분이에요. 차라리 '공무원 폭행·협박죄'라고 하는 것이 더 낫지 않았을까 싶기도 합니다. 죄명만 봤을 때는 업무방해죄와 비슷하게, 공무를 집행하는 공무원을 방해하기만 해도 범죄가 될 것처럼 느껴집니다. 그러나 법 조문을 구체적으로 살펴보면 단순한 방해가 아닌 폭행이나 협박에 이를 정도로 무시무시하게 방해해야 범죄가 됩니다. 그렇기 때문에 죄명과 내용이 일치하지 않는 것으로 보입니다.

　둘째는 '폭행과 협박을 사용한 방해만이 공무집행방해죄에 해당'되는 것처럼 보인다는 점입니다. 반대로 말하면, 공공기관에서는 폭행이나 협박만 쓰지 않고 적당한 고성으로, 말로만 업무를 할 수 없도록 지속적으로 훼방을 놓으면 어떻게 될까요? 적어도 2025년 현행법상의 공무집행방해죄로는 처벌받지 않을 겁니다. 우리나라 「형법」이 만들어진 것이 1950년대라는 것을 감안해 본다면 공무원은 '나라의 녹을 먹는 사람'이니 어느 정도의 부당한 대우를 받더라도 대의를 위해 감수하라는 뜻으로 해석되기도 합니다. 하지만 만약 그런 뜻만을 강조한다면 요즘 현대사회에서는 좀 맞지 않는 부분이 아닌가 싶기도 하네요.

　셋째는 공무원에 대하여는 업무방해죄 자체가 성립되지 않는다는 판례의 입장입니다. 위에서 이야기한 것처럼 거친 '말'만으로 공무원을 힘들게 하거나 민원 업무를 방해하는 경우 '업무방해죄로 처벌하면 되지 않나, 뭐가 문제인가?'라고 생각할 수도 있습니다. 하지만 대법원은 '사적 업무와 공적 업무를 구별하여, 공무에 관해서는 공무원에 대한 폭행, 협박 또는 위계의 방법으로 그 집행을 방해하는 경우에 한하여 처벌하겠다는 취지'라고 보아야 한다고 하여, 피해자가 공무원이라면 업무방해죄는 되지 않는다고 하는 것이 오래된 입장입니다. 즉, 같은 행위를 하더라도 일반 사기업에서는 업무방해죄로 처벌이 되는데 공무원은 그런 부당한 행위를 꾹 참고 일할 수밖에 없는 점입니다(대법원 2009. 11. 19. 2009도4166 판결 등).

4 적법한 공무집행이었나?

사실 조문에 적혀 있지는 않지만 공무집행방해죄는 공무원의 직무집행이 적법한 경우에만 성립합니다. 이런 것을 '직무집행의 적법성'이 필요하다고 표현하는데요. 이 사안에서 문제가 된 것은 바로 이 부분이었습니다.

제1심과 제2심의 판결에서는 "폭행을 당한 공무원들이 정상적인 근무 중이었던 것은 맞지만, 소란을 피우고 있는 A 씨를 강제로 끌어내는 것은 적법한 직무에 포함되지 않는다."라는 취지로 판결을 했습니다. 그래서 A 씨가 아무리 잘못을 했더라도 그 행동이 공무집행방해죄에는 해당하지 않는다는 거죠. 다만 제2심 판결에서는 때린 건 잘못했으니 단순히 폭행죄에는 해당한다는 입장이었어요.

관련 판례 **창원지방법원 2021. 9. 30. 선고 2020노3201 판결**

그러나 증거에 의하면 공소외 1, 공소외 2는 ○○시청 주민생활복지과 통합조사팀 소속으로 사회보장 급여 신청 관련 소득재산 조사 업무를 담당하고 있는 사실은 인정되나, … 사무실에서 소란을 피운다는 이유로 피고인의 손목을 잡아끄는 등의 물리력을 행사하며 피고인을 퇴거시킨 행위가 구체적 직무집행에 관한 법률상 요건과 방식을 갖추었다고 볼 만한 증거도 없다.

하지만 대법원은 제1심과 제2심의 판결이 잘못되었다고 했습니다. 특히 '민원 상담을 시도한 순간부터 민원 상담 시도를 종료한 순간까지만 주민생활복지과 소속 공무원의 직무 범위인 민원 업무에 해당'한다는 판결이 잘못되었다고 했습니다.

관련 판례 **대법원 2022. 3. 17. 선고 2021도13883 판결**

… ○○시청 주민생활복지과 소속 공무원이 주민생활복지과 사무실에 방문한 피고인에게 민원 내용을 물어보며 민원 상담을 시도한 행위, 피고인의 욕설과 소란으로 인해 정상적인 민원 상담이 이루어지지 아니하고 다른 민원 업무 처리에 장애가 발생하는 상황이 지속되자 피고인을 사무실 밖으로 데리고 나간 행위는 민원 안내 업무와 관련된 일련의 직무수행으로 포괄하여 파악함이 상당 …

정리해 보자면 이 사건에서는 '시청 민원실 내에서 소란을 피우는 민원인을 손과 팔을 잡아서 바깥으로 데리고 나간 행위'가 적법한 공무인지 아닌지가 문제가 되었습니다. 제1심과 제2심 법원에서는 그러면 안 된다고 했지만, 대법원에서는 그 정도까지는 위법하지 않다고 판단을 내렸다고 볼 수 있습니다.

하지만 이런 경우가 항상 통용된다고 단정하기는 어렵습니다. 이 사안에서는 A 씨의 행동으로 인해서 민원실 내 많은 일반 시민들이 불안하고 무서워하는 상황이었고, 공무원인 B 씨나 C 씨의 행동이 당시 상황에서 적절하다고 인정될 수 있는 여러 사정이 있었으니까요.

실제 현장에서는 공무원이 민원인을 물리적으로 제지하기 전에 ① 해당 민원인의 행위가 다른 시민이나 공무원에게 얼마나 직접적인 위험이나 피해를 주고 있는지, ② 현재 상황에서 다른 민원 업무를 정상적으로 처리할 수 없는 정도로 업무 방해가 발생하고 있는지, ③ 강제적인 퇴거 조치 대신 다른 완화 수단(예: 구두 경고, 경찰 협조 요청 등)을 먼저 할 수는 없었는지 등을 종합적으로 판단해야 할 필요가 있을 것 같네요. 정말, 민원 업무를 처리하는 모든 분들께 감사와 경의를 표합니다.

5 더 알아보기
공공장소(시청·구청 등)에서의 소란

외국에서도 공공장소에서 공무원이 정당한 직무를 하고 있을 때, 폭력으로 방해하면 형사 처벌되는 경우가 많이 있습니다.

예를 들어, 미국 연방법(18 U.S.C. § 111)이나 대부분의 주(州) 「형법」에서는 공무 중인 경찰이나 공무원에게 물리적으로 저항할 경우 '공무원 폭행 등(Public Officer Assault)'으로 엄하게 다루기도 합니다. 구체적인 표현을 들어보자면, 'forcibly assaults(강제로 폭행), resists(저항), opposes(반항), impedes(방해, 지연), intimidates(위협, 겁주기), or interferes(충돌, 대립)'라는 표현을 써서, 꼭 폭행이나 협박이 아니더라도 그에 준하는 행위들 역시 '공무집행방해'로 처벌하기도 합니다. 만약 폭행이나 협박까지 있다면 더욱 강하게 처벌될 수 있죠.

그 외에도 프랑스, 중국, 대만, 싱가포르 등 많은 나라에서도 신체적 접촉 없이 언어로만 방해하는 경우에도 공무원의 직무를 방해하면 처벌할 수 있게 명시하였습니다.

우리나라의 현행법은 공무집행방해죄가 되려면 오직 '폭력 또는 협박'만이 요건이 되니 상대적으로 이런 행위에 대한 처벌에는 관대하다 할 수 있겠네요.

참고 법령

「형법」 제136조(공무집행방해)

① 직무를 집행하는 공무원에 대하여 폭행 또는 협박한 자는 5년 이하의 징역 또는 1천만원 이하의 벌금에 처한다.

② 공무원에 대하여 그 직무상의 행위를 강요 또는 조지하거나 그 직을 사퇴하게 할 목적으로 폭행 또는 협박한 자도 전항의 형과 같다.

「지방공무원법」 제51조(친절·공정의 의무)

공무원은 주민 전체의 봉사자로서 친절하고 공정하게 직무를 수행하여야 한다.

「민원 처리에 관한 법률」 제5조(민원인의 권리와 의무)

① 민원인은 행정기관에 민원을 신청하고 신속·공정·친절·적법한 응답을 받을 권리가 있다.

② 민원인은 민원을 처리하는 담당자의 적법한 민원처리를 위한 요청에 협조하여야 하고, 행정기관에 부당한 요구를 하거나 다른 민원인에 대한 민원 처리를 지연시키는 등 공무를 방해하는 행위를 하여서는 아니 된다.

우리나라의 현행 공무집행방해죄에 일부 아쉬운 점이 있는 것은 맞습니다. 하지만 그것만으로는 반드시 법을 바꾸어야 한다는 이유가 되지 못합니다. 법을 바꾸는 일에는 항상 장점과 단점이 존재하기 때문입니다. 만약 법을 개정하게 된다면 대략 다음과 같은 기대 효과와 우려 사항이 함께 존재합니다.

기대 효과	• 공무 수행의 실효성 강화 : 공무원이 정당한 직무를 수행함에 있어 폭행이나 협박 외에 다양한 형태의 방해 행위(고성으로 소리를 지른다는 등)로부터 보호받을 수 있음 • 공공서비스의 질 향상 : 공무원이 불필요한 방해 없이 직무에 집중할 수 있게 됨으로써 국민에게 제공되는 공공서비스의 질이 향상 • 법적 공백 해소 : 업무방해죄에서는 범죄가 되는 행위가 향후 공무집행방해죄에서도 범죄가 된다면 과거 처벌되지 않던 부분이 해소됨으로써 법질서의 일관성과 형평성 유지 • 공공기관 내 질서 유지 : 공공기관 내에서의 소란, 업무방해 등의 행위가 적절히 규제됨으로써 질서가 유지되고, 다른 민원인들이 안정적으로 서비스를 받을 수 있는 환경 조성
우려 사항	• 표현의 자유 위축 : 정당한 민원 제기나 항의 행위까지 처벌될 수도 있으며, 이는 헌법상 보장된 표현의 자유를 침해할 가능성이 있음 • 공무원의 권한 남용 : 공무집행방해죄의 처벌 범위가 확대됨에 따라 공무원이 이를 민원인에 대한 압박 수단으로 남용할 가능성이 있음 • 과잉처벌 우려 : 경미한 방해 행위까지 형사처벌 대상이 될 경우 과잉처벌의 우려가 있으며, 이는 헌법상 비례의 원칙에 위배되고 사회적 비용을 증가시킬 가능성이 있음 • 사회적 약자에 대한 불균형적 영향 : 법률 지식이 부족하거나 의사소통에 어려움이 있는 고령자, 장애인 등이 의도치 않게 공무집행방해죄에 해당하는 행위를 할 우려가 있음

이처럼 공무집행방해죄의 개정은 공공서비스의 질 향상과 공무원 보호라는 긍정적 효과가 기대되지만, 일반 민원인의 표현의 자유 위축과 공무원의 권한 남용 가능성 등의 우려 사항도 분명 존재합니다. 이런 불안한 점들이 있기 때문에 아직 공무집행방해죄를 개정하지 못하는 것이 아닌가 싶기도 합니다. 이러한 점을 고려하였을 때 현행 공무집행방해죄가 충분히 공무원을 보호하고 있다고 생각하시나요? 만약 아니라면 현행법을 어떤 식으로 개정하는 것이 좋을까요?

TOPIC 03

#모욕죄 #명예훼손 #친고죄 #표현의 자유

무심하게 뱉은 말들, 죄가 될 수 있다고요?

"말은 칼보다 날카롭다."

오늘은 모욕죄에 관련된 상황을 한 번 볼까 해요.
모욕죄는 「형법」 제311조에 있는데, 공연히 사람을 모욕하면 성립하는 범죄에요.

오늘은 모욕죄입니다!
(「형법」 제311조)

1 사건 개요

이 사건은 직장 내에서 일어난 일입니다. 무슨 일인지는 정확하게 알 수 없으나, 어떤 일로 해고된 관리소장이 있었어요. 그런데 피해자(B 씨)는, 직장 내 사람들에게 "해고된 관리소장의 범죄사실을 적극 밝혀서 관련된 다른 직원이 있으면 그 사람들도 고발하겠다!"라는 식의 카카오톡 메시지를 보냈습니다.

그러자 평소 B 씨와 사이가 좋지 않던 A 씨는 사내 직원 3명에게 B 씨가 관리하는 사업소의 문제, 평소 편파적으로 직원을 대하던 태도, B 씨의 문자 메세지 내용 등을 지적하면서 "B 씨는 정말 야비한 사람인 것 같습니다."라는 카카오톡 메시지를 발송했습니다. 이 일을 알게 된 B 씨는 크게 모욕감을 느꼈고, 결국 A 씨를 모욕죄로 고소하게 되었습니다.

2 무엇이 문제일까요? - 관련 법률과 A 씨의 행동

> **관련 법률**　　　「형법」 제311조(모욕)
>
> 공연히 사람을 모욕한 자는 1년 이하의 징역이나 금고 또는 200만원 이하의 벌금에 처한다.

정말로 '모욕죄'에 해당하나요?

- '공연히'란? : '공연히' 또는 '공공연하게'는 사전적으로 '세상에서 다 알 만큼 떳떳하게', '숨김이나 거리낌이 없이 그대로 드러나게'라는 뜻입니다. 이런 요건이 필요한 것은 '사회에 유포되어 사회적으로 유해한 명예훼손 행위만을 처

벌함으로써 개인의 표현의 자유가 지나치게 제한되지 않도록 하기 위함'이에요. 대법원에서는 공연성에 관하여 '불특정 또는 다수인이 인식할 수 있는 상태'를 의미한다고 밝혀 왔고, 이는 학계의 일반적인 견해이기도 합니다. 이 사건에서는 회사 내 동료 직원 3명에게 말을 했기 때문에 '공연히' 요건을 충족하는 것이 가능해 보이네요.

- **'사람'이란?** : '자연인' 외에도 '법인'도 '사람'에 해당합니다. 이 사건에서 A 씨가 사람인지는 당연히 문제가 되지 않았습니다.
- **'모욕'이란?** : '사실을 적시하지 아니하고 사람의 사회적 평가를 저하시킬 만한 추상적 판단이나 경멸적 감정을 표현하는 것'을 말합니다(대법원 2003. 11. 28. 선고 2003도3972 판결).

A 씨의 발언이 정말 모욕적인 발언일까요?

'야비한 사람'이라는 표현은 구체적인 사실을 적시한 것이 아니라 B 씨에 대한 추상적 판단이나 경멸적 감정을 표현한 것으로 볼 수 있습니다. 좀 더 살펴볼까요?

3 모욕죄, 꼭 알아야 할 포인트

모욕죄의 보호법익

모욕죄는 사람의 가치에 대한 사회적 평가를 의미하는 '외부적 명예'를 보호법익으로 하는 범죄입니다(대법원 2018. 5. 30. 선고 2016도20890 판결).

모욕죄 성립 여부의 판단 기준

어떠한 표현이 모욕죄에 해당하는지는 상대방 개인의 주관적 감정이나 기분이 나쁜지 등을 기준으로 판단하는 것이 아니라, 당사자들의 관계, 해당 표현에 이르게 된 경위, 표현 방법, 당시 상황 등 객관적인 제반 사정에 비추어 상대방의 외부적 명예를 침해할 만한 표현인지를 기준으로 엄격하게 판단합니다.

이 사건에서 대법원은 "○○ 씨는 정말 야비한 사람인 것 같습니다."라는 표현이 모욕죄에 해당하지 않는다고 판단했습니다. 대법원은 이 표현이 "피고인의 피해자에 대한 부정적·비판적 의견이나 감정이 담긴 경미한 수준의 추상적 표현에 불과할 뿐 피해자의 외부적 명예를 침해할 만한 표현이라고 단정하기 어렵다."라고 한 거죠(대법원 2022. 8. 31. 선고 2019도7370 판결).

4 비슷하지만 다른 범죄, 모욕죄와 명예훼손죄와의 차이점

모욕죄와 명예훼손죄는 모두 사람의 외부적 명예를 보호법익으로 하지만 중요한 차이점이 있습니다. 모욕죄는 사실을 적시하지 않고 '추상적 판단'이나 '경멸적 감정을 표현'하는 경우에 해당하는 반면, 명예훼손죄는 '구체적인 사실(또는 허위 사실)'을 적시하여 타인의 명예를 훼손하는 경우 성립합니다. 예를 들자면 거친 욕설을 사용하는 경우 모욕죄에, 헛소문을 퍼뜨리는 경우는 명예훼손죄에 해당한다고 할 수 있겠네요.

구분	모욕죄	명예훼손죄
범죄 행위	사실 적시 없이 추상적 판단이나 경멸적 감정 표현	구체적 사실을 적시
법정형	1년 이하 징역이나 금고 또는 200만원 이하 벌금	• 사실적시 : 2년 이하 징역이나 금고 또는 500만원 이하 벌금 • 허위사실적시 : 5년 이하 징역, 10년 이하 자격정지 또는 1천만원 이하 벌금
위법성 조각	제310조(위법성 조각 사유) 적용 안 됨	제310조(위법성 조각 사유) 적용 가능
기타 사항	친고죄	반의사불벌죄

5 모욕죄와 표현의 자유, 모욕죄가 위헌이라고?

모욕죄는 표현의 자유를 과도하게 제한한다는 이유로 위헌 논란이 있습니다. 헌법재판소는 2020년 12월 23일 결정(2017헌바456)에서 합헌 결정을 내렸고, 일부 재판관들은 반대의견을 제시했습니다. 이를 정리하면 다음과 같습니다.

합헌 측 주장	• 우리나라에는 혐오 표현에 대한 처벌 조항이 따로 존재하지 않는 바, 모욕죄가 혐오 표현에 대한 규제로 기능하고 있다는 측면을 고려해야 함 • 대법원은 무례하고 저속한 표현이더라도 객관적으로 피해자의 인격적 가치에 대한 사회적 평가를 저하시킬 만한 것이 아니라면 모욕죄의 구성요건에 해당하지 않는다고 판시하는 등, 표현의 자유가 지나치게 위축되지 않도록 해석·적용하고 있음
위헌 측 주장	• '모욕'의 범위는 지나치게 광범위하므로, 상대방의 인격을 허물어뜨릴 정도로 모멸감을 주는 혐오스러운 욕설 외에도 타인에 대한 비판이나 풍자·해학을 담은 표현 등도 모욕죄로 처벌될 수 있음 • 모욕죄의 형사처벌은 다양한 의견 간의 자유로운 토론과 건전한 비판을 위축시킬 우려가 있음

혐오 표현 제한이 필요할까요? 차별금지법?

혐오 표현(hate speech)이란?

앞서 살펴본 모욕죄 합헌 논리 중, "우리나라에는 혐오 표현에 대한 처벌조항이 따로 존재하지 않는바"라는 말이 있었죠? 이 부분에 대해 좀 더 알아봅시다.

혐오 표현이란 인종, 성별, 장애, 성적 지향, 종교, 국적 등 특정 집단이나 개인의 정체성을 이유로 차별적·모욕적 발언을 하는 행위를 말합니다.

「형법」상 모욕죄로 처벌하면 되지 않나?

대한민국 「형법」 제311조(모욕죄)는 '공연히 사람을 모욕한 자'를 1년 이하의 징역이나 금고, 또는 200만원 이하의 벌금형에 처하도록 합니다. 즉, 아무리 나쁜 말을 하더라도 모욕을 한 대상이 '사람'이 아니면 범죄가 되지 않는다는 한계점이 있어요. 예를 들어 혐오적인 표현이 '특정 집단' 전체를 향한 경우, 개별 피해자가 특정되지 않으면 「형법」상의 모욕죄 적용이 어려운 경우가 많습니다. 모욕죄는 구체적인 피해자(사람)를 짚을 수 있어야 하니까요. 이 때문에 과도한 혐오 표현에 대해서는 별도의 법률을 통한 직접적인 규제가 필요하다는 목소리가 지속적으로 제기되고 있습니다. '혐오표현 처벌법'에 대한 논의는 상대적으로 적어서, 찬반 논의가 매우 많은 '차별금지법'에 대한 생각을 함께 해보면 좋을 것 같네요.

국내 차별금지법(포괄적 차별금지법) 논의

차별금지법은 종교, 성별, 장애, 성적 지향, 나이, 인종, 출신 국가 등 다양한 사유를 근거로 한 차별을 금지하고, 위반 시 구제 절차 등을 규정하는 법률을 말합니다. 이미 「장애인 차별금지법」, 「양성평등기본법」, 「남녀고용평등법」 등 개별 영역별 차별금지법은 존재하지만, 이를 '포괄적'으로 묶은 단일법은 없습니다. 이와 같은 차별금지법에 대한 찬성과 반대 측 근거는 다음과 같습니다.

찬성 측 근거	• 피해가 집단적으로 발생 : 특정 개인이 아닌 '여성', '이주민', '장애인', '성소수자' 등 집단 전체가 반복적으로 낙인찍힐 수 있음 • 2차·3차 피해 확산 : 인터넷·SNS 특성상 혐오 표현이 빠르게 퍼져나가며, 집단적 학대(사이버 불링)까지 이어질 위험 존재 • 사각지대 최소화 : 현행 모욕죄·명예훼손죄는 '특정 개인' 보호 중심이므로, 집단·사회적 소수자 보호를 위한 별도 규정 필요
반대 측 근거	• 표현의 자유 침해나 위축 : 정부나 다수 세력이 불편하게 여기는 비판·풍자를 '혐오 표현'으로 몰아 탄압할 수도 있음 • 종교계 일부 : 동성애 등 성적 지향에 대한 비판이 처벌될 수 있다며 반대 • 적용 범위 모호 : '정당한 비판'과 '차별적 혐오 표현' 간 경계를 어디에 설정할 것인지 명확하지 않음(과잉 규제)

차별금지법에 대한 외국의 사례

미국은 '표현의 자유'를 매우 폭넓게 보호하는 전통이 있습니다. 따라서 '혐오 표현' 자체를 처벌하는 법률은 상대적으로 제한적입니다. 다만 인종, 종교 등을 이유로 한 폭행·협박 등 실제 범죄 행위를 '증오범죄(Hate Crime)'로 가중 처벌하는 제도가 발달해 있습니다.

다수의 유럽 국가들은 인종차별, 반(反)유대주의, 성차별적 발언 등에 대해서는 엄격한 처벌 규정을 마련하고 있습니다.

표현의 자유와 소수자 보호의 균형점 모색

혐오 표현 규제는 개인의 표현의 자유와 소수자·취약계층 보호라는 충돌하는 가치 사이에서 균형점을 찾는 문제입니다. 해외 입법례를 보면, 혐오 표현을 단순 '모욕죄'와 동일시하기보다, 차별금지법 또는 별도의 혐오 표현 처벌 조항을 둬서 특정 집단에 대한 구조적·반복적 공격을 제재하고 있습니다.

인터넷과 SNS에서 혐오 표현이 확산되는 속도와 사회적 파급효과를 고려하였을 때 개별 피해자 보호를 넘어 집단적·구조적 피해를 예방할 제도가 어느 정도 필요하다는 의견은 타당해 보입니다. 다만 어떤 유형의 발언을 어디까지 법적 처벌 대상으로 볼 것인지, 개인의 표현을 과도하게 범죄로 몰아가는 것은 아닌지 등에 대한 비판도 생각해 봐야 합니다.

표현의 자유와 소수자 보호 간의 적절한 경계를 어떻게 설정할 것인지가 앞으로 더욱 중요한 논의 과제가 될 것 같네요.

토론 거리

- 모욕죄는 표현의 자유를 과도하게 제한한다는 이유로 위헌일까요?
- '혐오 표현 처벌법'을 제정하여 과도한 혐오 표현을 제재할 필요성이 있다고 생각하나요? 또 어디까지가 과도한 혐오 표현에 해당할까요?
- 나아가서 '포괄적 차별금지법'의 타당성에 대해 어떻게 생각하시나요?

참고 판례

대법원 2022. 8. 31. 선고 2019도7370 판결

해당 판결에서는 '민주노총 지부장은 정말 야비한 사람인 것 같습니다.'라는 표현이 모욕죄에 해당하지 않는다고 판단했다. 대법원은 이 표현이 '피고인의 피해자에 대한 부정적·비판적 의견이나 감정이 담긴 경미한 수준의 추상적 표현에 불과할 뿐 피해자의 외부적 명예를 침해할 만한 표현이라고 단정하기 어렵다.'라고 판시했다.

참고 법령

「형법」 제307조(명예훼손)

① 공연히 사실을 적시하여 사람의 명예를 훼손한 자는 2년 이하의 징역이나 금고 또는 500만원 이하의 벌금에 처한다.

② 공연히 허위의 사실을 적시하여 사람의 명예를 훼손한 자는 5년 이하의 징역, 10년 이하의 자격정지 또는 1천만원 이하의 벌금에 처한다.

「형법」 제310조(위법성의 조각)

제307조제1항의 행위가 진실한 사실로서 오로지 공공의 이익에 관한 때에는 처벌하지 아니한다.

「형법」 제311조(모욕)

공연히 사람을 모욕한 자는 1년 이하의 징역이나 금고 또는 200만원 이하의 벌금에 처한다.

「형법」 제312조(고소와 피해자의 의사)

① 제308조와 제311조의 죄는 고소가 있어야 공소를 제기할 수 있다.

② 제307조와 제309조의 죄는 피해자의 명시한 의사에 반하여 공소를 제기할 수 없다.

TOPIC 04

#상관모욕죄 #통수체계 #면전모욕 #사이버모욕죄

군대에서의 상관모욕죄는 왜 일반 모욕죄보다 엄격할까요?

"다양한 형태의 모욕죄, 어디까지 처벌해야 할까?"

오늘은 군대에서 있었던 사건을 함께 이야기해 볼까요?
군대에서 상관을 모욕하면 상관모욕죄로 처벌되기도 합니다.
그런데 같은 계급인 상병과 상병 사이에서도
과연 이러한 범죄가 가능할까요?

그러자 피고인은 피해자 면전에서 "너 같은 애들 때문에 사격술 예비훈련을 하는 것이 아니냐, 분대장이면 잘 좀 하고, 모범을 보여라."라는 심한 말을 했는데, 이 경우 같은 계급인 분대장 상병이 '상관'에 해당하는지가 법적으로 문제였습니다.

1심과 2심에서는 "육군규정 120 병영생활규정 제43조의2(병 상호간 관계)에서 '병 상호간 관계'는… 「군형법」 적용에 있어서는 대등한 관계에 있다."라고 규정하고 있고

이 사례는 군대라는 특수한 환경 속에서 나타나는 법적 판단의 어려움을 잘 보여주는 사건입니다. 말 한마디의 책임은 어디서부터일까요? 장난이나 농담, 그리고 범죄의 경계는 어떻게 되는 걸까요?

1   사건 개요

이 사건은 어떤 군부대의 생활관 내에서 일어난 일입니다. 그 부대에서 군 복무를 하고 있던 A라는 상병이 있었어요. A 상병의 군부대는 조만간 '사격술 예비 훈련'을 받을 예정이었습니다. 이 훈련은 사격 기초 동작을 중심으로 야외에서 하는, 몸이 힘들기로 유명한 훈련 중 하나입니다. 총을 든 기본 동작을 지루하게 계속 반복하기도 하니 대부분의 병사들이 하고 싶지 않은 훈련이고, A 상병 역시 마찬가지였습니다. 하지만 사격 훈련은 군인의 기본 업무 중 하나죠. 총기를 다루는 작업이기에 안전상의 이유로도, 잊어버리지 않게 일정 기간마다 반복해야 합니다. 그러나 A 상병은 이 훈련을 하는 이유에 대해서 조금 잘못 생각을 하고 있었던 것으로 보입니다. 그것이 이 사건의 계기라고도 보이네요.

사격술 예비 훈련을 앞둔 어느 날, A 상병은 같은 상병 계급이지만 분대장을 맡고 있는 B 상병의 사격점수를 물어보았는데, B 상병의 사격점수가 자신의 점수보다 근소하게 낮다는 것을 알게 되었습니다. 그러자 A 상병은 B 상병에게 언성을 높이면서, "너 같은 애들 때문에 사격술 예비 훈련을 하는 거 아니냐. 분대장이면 잘 좀 하고 모범을 보여라."라는 말을 하였습니다. 사실 이런 표현은 다른 사람에게 스트레스를 분출하고 책임을 전가하는 표현입니다. 심리적으로 압박을 함과 동시에 듣는 사람으로 하여금 죄책감과 수치심을 불러일으키기 때문에 그리

좋은 표현이라 할 수는 없습니다. 상대방이 수치심을 가질 수 있기 때문에 모욕죄와 관련이 되기 쉽구요.

이 외에도 이 재판 기록에 따르면 A 상병은 소대장 등 다른 간부에게도 좋지 않은 말을 수차례 한 것으로 보입니다. 하지만 여기서는 같은 계급인 병사들끼리 있었던 상황에 대해서만 살펴보겠습니다.

재판 과정에서 핵심 쟁점은 "같은 계급의 병사라도 분대장이라는 직책이 있으면 '상관(上官)'이 될 수 있는가?"였고, 대법원은 "그렇다."라고 판시하였습니다(대법원 2021. 3. 11. 선고 2018도12270 판결). 다만, A 상병이 한 표현이 모욕적인가에 대한 논의는 충분히 진행되지 못했습니다.

2 무엇이 문제일까요?-관련 법률과 A 상병의 행동

> **관련 법률** 「군형법」 제64조 제1항(상관 모욕 등)
> ① 상관을 그 면전에서 모욕한 사람은 2년 이하의 징역이나 금고에 처한다.

정말로 '상관모욕죄'에 해당하나요?

- **'상관'이란?** : 「군형법」에서 '상관'이란 명령복종 관계에 있는 사람 중에서 명령권을 가진 사람을 말하며, 그 범위는 매우 넓게 해석됩니다. 여기서의 '상관'에는 대통령도 포함됩니다(대법원 2013. 12. 12.선고 2013도4555 판결). 이 사건에서 B 상병은 분대장으로서 A 상병에게 명령을 내릴 수 있는 위

치에 있기는 했지만, 같은 병사고 같은 계급이라 '상관'이 될 수 있는지 여부가 문제가 되었습니다.

- **'면전'이란?** : '면전'은 얼굴을 마주 대한 상태를 의미합니다 (대법원 2002. 12. 27. 선고 2002도2539 판결). 이 사건은 A 상병과 B 상병이 생활관 내에서 서로 대화하는 도중 일어난 일로 '면전'에서 이루어진 행위로 보입니다.
- **'모욕'이란?** : '모욕'이란 사실을 적시하지 않고 사람의 사회적 평가를 저하시킬 만한 추상적 판단이나 경멸적 감정을 표현하는 것을 말합니다(대법원 2018. 5. 30. 선고 2016도20890 판결).

A 상병의 행위는 정말 모욕적인 행위일까요?

- **같은 계급인 데다가 장교도 아닌 B 상병이 '상관(上官)'인지?** : 대법원은 같은 계급이라도 분대장인 B 상병이 A 상병보다 「군형법」상 '상관'이 맞다고 결론 지었습니다. 그렇다면 이 사건에서 B 상병은 분대장으로서 A 상병에게 명령을 내릴 수 있는 위치에 있었으므로, 계급이 같은 사병이더라도 직책상 상관에 해당하는 거죠.
- **면전에서의 발언** : A 상병의 발언은 B 상병의 앞에서 직접 이루어졌으므로 '면전' 요건을 충족합니다.
- **모욕 행위의 존재** : 다만, 이 재판에서 B 상병이 A 상병의 '상관'인지 아닌지에 대한 판단만 알려졌지, A 상병의 발언이 '모욕'에 해당하는지 법원에 대한 판단은 공개되어 있지 않았습니다. 사실 변호사 입장에서 보면 이 사건은 A 상병

의 발언이 과연 '모욕죄'에 해당하는지가 더욱 궁금한 사건입니다. 하지만원심에서는 이러한 점을 검토하지 않고, 단지 B 상병이 A 상병의 상관인지 아닌지에만 초점을 두고 판결을 하였기에 개인적으로는 아쉬운 부분입니다. 대법원 역시 원심 판결이 '상관모욕죄에서 말하는 모욕에 해당하는지에 관하여는 심리·판단하지 아니'하였다고 지적한 바 있습니다. 이 이후의 판결문은 공개되지 않아 정확히 알 수 없지만 파기 환송된 항소심에서는 이 부분에 대해 판단하였을 것으로 보입니다.

3. 상관모욕죄, 꼭 알아야 할 포인트

상관모욕죄의 보호법익

상관모욕죄는 일반 모욕죄와 달리 단순히 개인의 명예만을 보호하는 것이 아니라, 군 조직의 질서 및 통수체계 유지라는 추가적인 보호법익을 가지고 있습니다(대법원 2013. 12. 12.선고 2013도4555 판결).

사석에서의 발언도 처벌될 수 있다!

이외에도 "상관모욕죄는 공석상에서의 직무상 발언에 의한 모욕뿐 아니라 사석에서의 발언일지라도 그 상관의 면전에서 한 경우에는 역시 상관모욕죄가 성립된다."라고 하네요(대법원 1967. 9. 26.선고 67도1019 판결).

비슷하지만 다른 범죄, 일반 모욕죄와 상관모욕죄의 차이점

상관모욕죄는 일반 「형법」상 모욕죄와 비교하여 다음과 같은 차이점이 있습니다.

구분	모욕죄	상관면전모욕죄 및 상관모욕죄	
법적근거	「형법」 제311조	「군형법」 제64조	제1항 상관면전모욕죄
			제2항 상관모욕죄
보호법익	사람의 가치에 대한 사회적 평가 (외부적 명예)	상관에 대한 사회적 평가(외부적 명예) 군 조직의 질서와 통수체계	
법정형	1년 이하의 징역이나 금고 또는 200만원 이하의 벌금	제1항 상관면전모욕죄 : 2년 이하의 징역이나 금고	벌금형 없이 무조건 징역이나 금고
		제2항 상관모욕죄 : 3년 이하의 징역이나 금고	
공연성	공연히 이루어질 것	제1항 상관면전모욕죄 : 공연성 불필요	
		제2항 상관모욕죄 : 공연성 필요	

일반 모욕죄는 개인의 사회적 명예를 지켜 주는 조항입니다. "누구든 공공연히 다른 사람을 깎아내리면 안 된다."라는, 말 그대로 '사람의 체면'을 보호하려는 목적이죠. 반면 상관모욕죄는 명예뿐 아니라 군대 조직의 위계질서와 군기까지 함께 지킵니다. 군인은 상하 관계가 무너지면 임무 수행이 흔들리기 때문에 일반 사회보다 한층 엄격하게 다루는 겁니다.

일반 모욕죄와 달리 상관모욕죄는 「군형법」 제64조 제1항에서의 상관면전모욕죄와, 제2항의 상관모욕죄로 나누어져 있습니다. 제1항의 상관면전모욕죄에 의하면 상관 앞(면전)에서 한 말은 제삼자가 없어도 처벌될 수 있습니다. 군기는 '보이는 곳'뿐 아니라 '보이지 않는 곳'에서도 유지돼야 한다는 논리이므로 공연히 이루어질 필요가 없는 것이 일반 모욕죄와는 구별됩니다. 다만, 제2항의 상관모욕죄는 일반 모욕죄와 유사하게 공연성이 필요합니다.

처벌 수위 역시 일반 모욕죄는 1년 이하 징역 또는 200만원 이하 벌금이 법정형입니다. 보통은 벌금형이 선고되는 경향이 강합니다. 하지만 상관모욕죄는 2년 또는 3년 이하 징역으로 훨씬 무겁습니다. 일반 모욕죄와 비슷해 보이는 행위라도 상관모욕죄에서는 군대라는 특수성을 고려해야 합니다. 그래서 내가 하는 행동이 때와 장소에 따라 법률적으로는 다르게 평가될 수 있다는 점도 역시 꼭 기억해야 합니다.

5 더 알아보기
사이버모욕죄가 필요할까?

모욕죄 이야기 나온 김에 추가로 '사이버모욕죄'에 대해 생각해 보면 어떨까 싶네요.

정보통신망법에 명예훼손죄는 있지만 모욕죄는 별도로 있지 않습니다. 그래서 인터넷이나 SNS 등 사이버 공간에서 발생하는 모욕 행위는 현재 일반 「형법」의 모욕죄로 처벌이 됩니다. 하지만 변화하는 인터넷 환경 등에 맞춰 사이버모욕죄도 추가되어야 한다는 논쟁이 여전히 있습니다.

사이버모욕죄 도입 논의는 2000년대 후반부터 본격화되었습니다. 특히 유명인의 자살 사건 등을 계기로 사이버 공간에서의 악성 댓글과 모욕적 표현에 대한 규제 필요성이 제기되었습니다다. 이에 따라 여러 차례 사이버모욕죄 신설을 위한 법안이 발의되었으나 아직 입법화되지는 않았습니다. 이에 대한 찬성과 반대 의견을 정리하면 다음과 같습니다.

찬성 측 근거	• 사이버 공간의 특수성과 피해의 심각성
	  − 사이버 공간에서의 모욕 행위는 전파 속도가 빠르고 광범위하게 확산되며, 영구적으로 남을 수 있어 피해가 더욱 심각함
	  − 익명성을 악용한 악의적인 모욕 행위가 증가하고 있어 이에 대한 강력한 규제가 필요
	• 현행 「형법」상 모욕죄는 법정형이 낮아(1년 이하의 징역이나 금고 또는 200만원 이하의 벌금) 사이버 공간에서의 모욕 행위에 대한 충분한 억제력을 갖지 못하고 있음

반대 측 근거	• 표현의 자유 위축
	  − 인터넷상의 자유로운 의사 표현이 위축될 수 있다는 우려가 있음
	  − 특히 정치적 비판이나 정치인에 대한 풍자, 다소 거친 표현까지도 모욕죄로 처벌될 가능성이 있어 권력층이 여론을 통제하는 수단으로 악용할 가능성을 무시할 수 없음
	• 현행 「형법」상의 모욕죄로 충분하며, 전 세계적으로는 모욕죄를 오히려 폐지하는 추세로 국제 흐름에 맞지 않음

사실 모두 타당한 이야기입니다. 어떠한 논리도 맥락을 떠나 절대적 정답이 될 수는 없으니까요. 그러나 서로 다른 관점의 근거를 나누고 상호 간에 충분한 검증과 반박을 거치면서, 합의와 수정이 축적될 수 있다면 그 사회는 더욱 성숙해집니다. 그러면 어떤 일을 겪더라도 유연하게 대처하고, 큰 사고 없이 난관을 헤쳐나갈 수 있죠. 스스로 고쳐나가는 능력을 가진 공동체가 결국 더 공정하고 더 유능한 사회임이 틀림없습니다. 따라서 우리 모두 평소에 더 많은 고민을 해야 할 것입니다.

토론거리

A 상병은 분대장을 맡고 있는 B 상병에게 "너 같은 애들 때문에 사격술 예비 훈련을 하는 거 아니냐, 분대장이면 잘 좀 하고, 모범을 보여라."라고 말했죠. 이건 상관모욕죄로 처벌할 정도의 모욕적인 표현일까요, 아니면 병사들 사이의 단순한 불만 표시 정도로 봐야 할까요?

상관 모욕죄 ○	• 해당 발언은 분대장의 능력과 자질을 폄하하는 내용을 담고 있으므로 군 조직의 위계질서 또는 군대 내 통수체계를 훼손할 수 있다. • '너 같은 애들'이라는 표현 자체가 상관을 낮추어 부르는 것이다. 상관에 대한 존중이 없고 위계질서를 해치는 표현이다. 군대 내에서 상관의 권위는 엄격히 보호되어야 하며, 이러한 발언은 상관의 지휘권을 약화시킬 수 있다. • 이런 발언은 분대장의 직무 수행 능력에 대한 부정적 평가를 공개적으로 표현한 것으로 볼 수 있으므로, 상관의 사회적 평가를 저하시킨다. • 「군형법」상 상관모욕죄는 일반 「형법」상 모욕죄보다 더 엄격하게 적용되어야 한다. 군대의 특수성과 군대의 기강을 고려할 때 상관에 대한 비판적 발언은 더 제한적으로 허용되어야 한다.
상관 모욕죄 ×	• 대법원은 "어떠한 표현이 상대방의 인격적 가치에 대한 사회적 평가를 저하시킬 만한 것이 아니라면 설령 그 표현이 다소 무례한 방법으로 표시되었다 하더라도 이를 두고 상관모욕죄의 구성요건에 해당한다고 볼 수 없다."라고 판결하기도 한다(대법원 2021. 4. 29. 선고 2018도4449 판결). • 다소 무례한 것은 사실이지만 욕설이 들어간 것도 아니고 상관의 인격적 가치에 대한 사회적 평가를 실질적으로 저하시킬 만한 정도의 표현이라고 보기 어렵다. • B 상병이 A 상병의 법적으로 상관이기는 하지만 같은 계급의 병사이다. 장교나 간부 같은 상관은 아니기에 병사끼리의 불만은 조금 더 융통성 있게 판단할 필요도 있다. • 세계적으로도 모욕죄는 국제적으로 점차 폐지되거나 축소되는 추세에 있으며, 이는 표현의 자유 보호, 민주주의 발전, 권력 남용 방지 등의 이유에서 비롯된다.

참고 판례

대법원 2021. 3. 11 선고 2018도12270 판결

「군형법」제2조 제1호, 제64조 제1항, 국방부 부대관리훈령 제2조 제5호, 제4조, 제9조 제2항, 제17조 제1호, 제2호, 제18조 제1항, 육군규정 120 병영생활규정 제20조 제2항, 제43조 제1항, 제43조의2 등 제반 규정의 취지, 내용 등을 종합하면, 부대지휘 및 관리, 병영생활에 있어 분대장과 분대원은 명령복종 관계로서 분대장은 분대원에 대해 명령권을 가진 사람 즉 상관에 해당하고, 이는 분대장과 분대원이 모두 병(兵)이라 하더라도 달리 볼 수 없다고 판시했다.

참고 법령

「군형법」제2조 제1호(용어의 정의)

1. "상관"이란 명령복종 관계에서 명령권을 가진 사람을 말한다. 명령복종 관계가 없는 경우의 상위 계급자와 상위 서열자는 상관에 준한다.

「군형법」제64조(상관 모욕 등)

① 상관을 그 면전에서 모욕한 사람은 2년 이하의 징역이나 금고에 처한다.
② 문서, 도화(圖畵) 또는 우상(偶像)을 공시(公示)하거나 연설 또는 그 밖의 공연(公然)한 방법으로 상관을 모욕한 사람은 3년 이하의 징역이나 금고에 처한다.
③ 공연히 사실을 적시하여 상관의 명예를 훼손한 사람은 3년 이하의 징역이나 금고에 처한다.
④ 공연히 거짓 사실을 적시하여 상관의 명예를 훼손한 사람은 5년 이하의 징역이나 금고에 처한다.

TOPIC 05

#공문서변조죄 #공문서위조 #사문서위조 #사기죄

문서 내용의 사소한 변경도 공문서변조죄에 해당할까요?

> "숫자로 환산된 범죄, 생명의 무게를 넘어서도 되겠습니까?"

법에서 '변조'라는 것은 '새로운 증명력'을 만들어 내는 것을 의미해요. 우리가 아는 것과는 조금 다른 뜻이죠? 이렇게 일상 단어가 법적 용어가 되면 그 뜻이나 느낌이 달라지기도 합니다. 신기하죠?

오늘은 공문서변조죄 사안을 볼까요.

'등기사항전부증명서'라는 문서를 아실까요? 예전에는 '등기부등본'이라고 불렀어요. 어떤 땅이나 건물이 언제 생겼는지, 누가 소유하고 있는지 자세히 적혀 있답니다. 행정 기관에서 발급하는 공문서죠.

A씨는 건물을 새로 만들었어요. 그 건물의 '등기사항전부증명서'도 한 부 출력했죠. 그런데 A씨는 그 증명서를 나중에 또 사용하려고 증명서 맨 밑에 적혀 있는 열람, 출력 날짜만 수정테이프로 지운 다음 복사를 했습니다. 이것이 공문서 '변조'가 되는지, 법원에서 문제가 되었어요.

하지만 대법원은 A씨에게 유죄로 보인다고 판결하면서, "문서가 어떤 종류인지, 내용을 어떻게 바꿨는지, 해당 문서가 보통 어떤 거래에서 어떤 역할을 하는지 등을 종합해서 판단해야 한다."라고 말했습니다.

그리고 다른 사람이 맨 밑의 날짜가 지워진 이 문서를 보면 '진짜로 있는 근저당권이나 소유권이전담보가등기가 없는 것' 으로 오해할 수 있다고 말했습니다. 실제로도 이 서류에 속아 수천만원의 피해를 본 사람이 있었구요.

1 사건 개요

이 사건은 A 씨가 B 씨를 속여 돈을 빌리려다 벌어진 일입니다. A 씨는 자신이 보유한 부동산의 '등기사항전부증명서'를 복사하면서, 본문이 아닌 문서 맨 끝에 작게 찍힌 '열람 날짜·시간'만을 수정액으로 지운 뒤 사용했습니다. 등기사항전부증명서의 본문에는 소유자·압류권자·근저당권자 등 해당 부동산에 대한 중요한 정보가 적혀 있어요. 하지만 A 씨는 그 부분을 건드리지는 않았습니다.

이에 대해 "중요한 본문은 그대로 놔뒀는데, 열람한 날짜·시간 정도만 지운 것도 과연 큰 문제일까?"라고 생각할 수 있습니다. 하지만 이 서류는 부동산의 소유관계와 담보 가치를 판단하는데 필수적이라서, 작게 표시되었더라도 열람 및 출력 시점이 달라지면 현재와는 전혀 다른 부동산의 권리 관계를 나타낼 수도 있습니다. 예를 들어 A 씨가 2020년에 부동산을 구입하고, 2025년에 팔았다고 가정해 볼까요? 2020년을 기준으로 열람 및 출력한 서류를 가지고 있다면, 몇 년이 지나도 여전히 A 씨가 갖고 있는 서류상으로는 A 씨가 부동산 주인처럼 보이게 됩니다. 그래서 열람 및 출력 일시도 매우 중요합니다.

하지만 법리적으로 따지면 그렇게 간단한 문제는 아닙니다. 실제로 1심에서는 공문서변조죄가 인정되었으나 2심에서는 무죄가 선고되기도 했습니다. 그러나 대법원은 단지 날짜·시간만 지웠더라도 실질적으로 중요한 정보를 은폐한 것과 같다고 보아, 사기죄와 함께 공문서변조죄 성립을 인정했습니다.

결정적으로 A 씨는 이렇게 조작한 서류로 타인을 속여 돈을 빌리려 했습니다. 담보할 수 있는 충분한 재산(부동산 등)이 있는 것처럼 보이게 하려고 몇 년 전 자료를 굳이 찾아서까지 수정했으니, 단순히 '날짜 한 줄 지운 실수'로 보기 어렵습니다. 법원은 A 씨에게 사기 및 공문서변조·행사 범죄의 고의가 있었다고 판단했습니다.

2 무엇이 문제일까요?-관련 법률과 A 씨의 행동

> **관련 법률**
>
> **「형법」제225조(공문서등의 위조·변조)**
>
> 행사할 목적으로 공무원 또는 공무소의 문서 또는 도화를 위조 또는 변조한 자는 10년 이하의 징역에 처한다.
>
> **「형법」제229조(위조등 공문서의 행사)**
>
> 제225조 내지 제228조의 죄에 의하여 만들어진 문서, 도화, 전자기록등 특수매체기록, 공정증서원본, 면허증, 허가증, 등록증 또는 여권을 행사한 자는 그 각 죄에 정한 형에 처한다.
>
> **「형법」제347조 제1항(사기)**
>
> ① 사람을 기망하여 재물의 교부를 받거나 재산상의 이익을 취득한 자는 10년 이하의 징역 또는 2천만원 이하의 벌금에 처한다.

지운 것이 변조인지 여부

A 씨는 지금이 아닌 예전의 등기사항전부증명서를 마치 현재의 것처럼 B 씨에게 보여주면서 속이고 돈을 받았습니다. 그래서 A 씨가 사기 범죄를 저지른 것은 명확하기에 이 부분은 재판 과정에서 문제 되지 않았습니다. 하지만 A 씨의 행위가 법에서

말하는 '변조' 행위에 해당하는지를 놓고는 1심과 2심의 판단이 갈렸습니다. A 씨는 본문의 내용을 지운 것이 아니라 서류 외곽의 '열람일시'만 지웠기 때문이죠.

새로운 증명력의 '작출'?

> **관련 판례** 대법원 2011. 9. 29. 선고 2010도14587 판결
> 문서변조죄에서 '변조'란 권한 없는 자가 이미 진정하게 성립된 타인 명의의 문서 내용에 대하여 동일성을 해하지 않을 정도로 변경을 가하여 새로운 증명력을 작출케 함으로써 공공적 신용을 해할 위험성이 있는 행위이다.

생소한 한자어 단어지만 한 번만 보고 갈까요? 법정에서는 아직 '작출(作出)'이라는 단어를 사용하는데요. 쉽게 생각하면 만들어 냈다는 뜻입니다. 일반적으로 잘 사용하지 않지만, 법률적인 서류에서 자주 사용되며 언젠가부터 법정에서는 단순히 '만들어 냈다'는 중립적인 기존의 뜻이 아니라 부정적인 행위(위조, 변조 등)를 설명할 때 주로 사용되고 있습니다.

위와 같이 법원에서는 문서가 '변조'가 되었는지를 판단할 때 그 변조된 문서가 새로운 증명력을 만들어 냈는지(작출했는지)를 중심으로 검토합니다. 그래서 법률 서류에서 '작출했다'고 하면 대체적으로 단순히 '만들어 냈다'는 뜻을 포함해서 어떤 '공공의 위험성'까지 발생시켰다고 보시면 적절할 것 같습니다.

위조와 변조의 차이

'변조'와 비슷한 단어로 '위조'가 있는데 위조와 변조의 차이는 다음과 같습니다.

위조	권한 없이, 세상에 없던 문서를 새로 만드는 것
변조	이미 있던 문서의 내용을 일부 조작하는 것

다만, 변조가 지나치면 위조가 되는 등 사안과 상황에 따라 판단은 달라질 수는 있습니다. 이 사건은 이미 만들어진 공문서(등기사항전부증명서)의 내용을 조금 조작한 것이니 위조가 아니라 변조가 문제가 되는 사안이죠.

2심에서는 A 씨가 스스로 적은 내용은 하나도 없었다는 점을 중요하게 보았습니다. 기존에 없던 내용을 새롭게 적어 넣은 것이 아니고 단지 보이는 날짜와 시간만 지운 것이기 때문에 '새로운 증명력을 만들어 낸 것까지는 아니며', 비록 A 씨의 행위가 나쁘다고 볼 수는 있어도 공문서 위조나 변조 '범죄' 행위에는 해당하지 않는다고 판단했던 것입니다.

변조죄와 행사죄가 연이어 성립

우리나라 형법은 '문서를 위·변조한 것'과 '그 문서를 실제로 행사한 것'을 나눠서 처벌합니다. A 씨는 B 씨를 속일 목적(행사할 목적)으로 서류의 날짜를 지웠고 실제로 B 씨에게 사용했습니다. 만약 공문서 변조죄가 인정될 경우 자동으로 변조공문서행사죄의 처벌까지 받게 될 테니, 어떻게든 공문서 변조죄를 피하고 싶었을 것입니다.

3 공문서변조죄, 꼭 알아야 할 포인트

공문서변조죄의 보호법익

공문서변조죄는 공공기관이 발행한 '문서에 대한 공공의 신용을 보호'하기 위한 범죄입니다. 공문서는 사문서에 비해 공공의 신용도가 높기 때문에, 공문서변조죄의 법정형은 '10년 이하의 징역'인 반면, 사문서변조죄의 법정형은 '5년 이하의 징역 또는 1천만원 이하의 벌금'으로, 「형법」에서는 공문서변조죄를 더 무겁게 정해놨죠.

공문서변조죄 성립 여부의 판단 기준

'일반인으로 하여금 공무원 또는 공무소의 권한 내에서 작성된 문서라고 믿을 수 있는 형식과 외관을 구비한 문서를 작성하면 공문서변조죄가 성립'합니다. 이때는 '그 문서의 형식과 외관은 물론 그 문서의 작성 경위, 종류, 내용 및 일반거래에 있어서 그 문서가 가지는 기능 등 여러 가지 사정을 종합적으로 고려하여 판단'한다고 해요(대법원 2021. 2. 25. 선고 2018도19043 판결 등).

또 '법률가나 관련 분야의 전문가가 아닌 평균인 수준의 사리분별력을 갖는 일반인의 관점에서' 조금만 주의를 기울여 살펴보기만 해도 그 변경을 쉽게 알아볼 수 있을 정도로 조잡하다면 무죄가 될 수 있다고도 하네요. 그런데 이 사건은 정교하게 만들어진 서류라 일반인인 B 씨가 보았을 때는 진짜 서류처럼 보였기에 문제가 된 거죠.

공문서위조죄 vs. 사문서위조죄

공문서는 공공기관이 만든 문서(주민등록등본, 운전면허증 등)를 말하고, 사문서는 공공기관이 아닌 개인이나 회사가 만든 문서를 말합니다. 그래서 권한 없이 공문서를 만들어 내면(위조하면) 공문서위조죄, 사문서를 위조하면 사문서위조죄에 해당하죠.

(더 알아보기)
4 '돈'과 '생명'의 저울질? 사기 양형기준을 둘러싼 고민

사기죄나 공문서변조죄를 처벌해야 한다는 점에는 큰 이견이 없습니다. 누군가를 속여 돈을 빼앗거나, 국가기관이 발급한 문서를 멋대로 손봐 사회를 혼란스럽게 만드는 행위는 당연히 금지되어야 한다는 공감대가 충분하니까요. 오히려 사기죄에 대해서는 '더 강하게 처벌해야 한다'는 목소리가 높습니다. 갈수록 보이스피싱 수법은 교묘해지고, 전세 사기는 끊이질 않으며, 대규모 투자 사기 역시 주기적으로 뉴스를 장식하고 있으니까요.

참고로 2025년 현재 시행 중인 대법원 양형기준표(판사가 형사재판에서 형량을 정할 때 참고하도록 만든 기준표입니다. 쉽게 말해, 같은 범죄라도 너무 들쭉날쭉한 형벌을 막고, 비슷한 사안은 비슷하게 처벌되도록 만든 일종의 '판단 가이드라인'이에요.)를 보면, 일반사기 사건(기본) 기준, 피해액 1억원 미만의 사건은 징역 6월에서 1년 6월이 양형기준입니다. 실제 재판에서도 피해액 1억원 안팎의 사기 범죄는 1년 안팎의 징역형 선고를 받는 것을 쉽게 볼 수 있습니다. 하지만 300억원 이상 사기 사건은 양형기준이 6~11년에 불과합니다. 즉, 수 천억원을 가로챈 경우에도 11년 남짓한 징역에 그칠 수도 있다는 뜻이죠. 평범한 직장인이 1년에 1억원을 모으기조차 쉽지 않다는 현실을 떠올리면, 이 숫자가 상식적이냐는 지적이 나옵니다.

유형	구분	감경	기본	가중
1	1억원 미만	~1년	6월~1년 6월	1년~2년 6월
2	1억원 이상, 5억원 미만	10월~2년 6월	1년~4년	2년 6월~6년
3	5억원 이상, 50억원 미만	1년 6월~4년	3년~6년	4년~8년
4	50억원 이상, 300억원 미만	3년~6년	5년~9년	6년~11년
5	300억원 이상	5년~9년	6년~11년	8년~17년

출처 : 대법원 양형위원회 홈페이지 [일반사기범죄 양형기준]

형량과 관련하여 다양한 주장이 있습니다. "형량을 올리면 범죄 억지 효과가 커진다."라는 주장도 나오게 됩니다. 피해액에 비례해 형을 높이자는 건데, 단순 계산으로 1억원마다 1년을 더한다면 100억원 사기는 징역 100년이 됩니다. 하지만 우리 형법상 무기징역을 제외하면 유기징역형의 법정 최대는 50년(가중 시)이고, 이마저도 비교적 근래인 2010년에 개정되어 상향된 수치입니다. 다른 한 편에서는 이미 특정경제범죄가중처벌법 등으로 중대 사기를 가중처벌할 수 있다는 점을 들어 "양형만 무턱대고 올리는 건 해법이 아니다."라는 반론도 제기됩니다. 모두 타당한 주장입니다.

현대는 자본주의 사회로 돈이 없이 살아가는 것은 사실상 불가능합니다. 하지만 사기 범죄는 피해액이 아무리 커도 재산 범죄의 일종입니다. 설령 형량을 높인다 해도, 생명을 침해한 살인죄(사형·무기·5년 이상)보다 무겁게 만들기는 쉽지 않습니다. 자칫 "재산 가치가 생명보다 중요하다."라는 메시지를 줄 위험이 있기 때문이죠.

결국 아직까지 '사기죄의 형량을 어떻게 조정할 것'인지에 대한 논의는 정답을 찾지 못하고 현행을 유지하고 있는 것으로도 보입니다. 이 문제는 많은 시민들이 함께 고민해야 합니다. 독자 여러분은 어떻게 생각하시나요?

 토론 거리

- 사기죄와 같은 재산 범죄의 법정형 또는 형량을 높이는 것이 타당할까요? 그렇다면 그 기준은 무엇인가요?
- 만약에 경제적 피해가 크면 살인죄보다 더 엄하게 처벌하는 것은 타당한가요?

참고 판례

대법원 2021. 2. 25. 선고 2018도19043 판결 등

일반인으로 하여금 공무원 또는 공무소의 권한 내에서 작성된 문서라고 믿을 수 있는 형식과 외관을 구비한 문서를 작성하면 공문서변조죄가 성립한다. 이때는 그 문서의 형식과 외관은 물론 그 문서의 작성 경위, 종류, 내용 및 일반거래에 있어서 그 문서가 가지는 기능 등 여러 가지 사정을 종합적으로 고려하여 판단한다.

참고 법령

「형법」제225조(공문서등의 위조·변조)

행사할 목적으로 공무원 또는 공무소의 문서 또는 도화를 위조 또는 변조한 자는 10년 이하의 징역에 처한다.

「형법」제229조(위조등 공문서의 행사)

제225조 내지 제228조의 죄에 의하여 만들어진 문서, 도화, 전자기록등 특수매체기록, 공정증서원본, 면허증, 허가증, 등록증 또는 여권을 행사한 자는 그 각 죄에 정한 형에 처한다.

「형법」제347조 제1항(사기)

① 사람을 기망하여 재물의 교부를 받거나 재산상의 이익을 취득한 자는 10년 이하의 징역 또는 2천만원 이하의 벌금에 처한다.

TOPIC 06

#부당한 절차 #방어권 #공정한 재판 #선고절차

재판 선고 중 선고가 바뀔 수도 있나요?

> "법관의 감정은 판결 위에 있을 수 없다."

이번에는 형을 선고 받는 도중에, 불만을 품고 난동을 부리면 어떻게 될까요? 상상하고 싶진 않지만 그런 일이 있어서 이야기해 봅니다.

그래서 당시 자리에 있던 교도관이 피고인을 제압하여 법정 옆 구치감으로 끌고 가자, 재판장님은 다시 피고인을 법정에 불렀습니다.

재판장은 "선고가 아직 끝난 것이 아니고, 이 법정에서 나타난 사정 등을 종합해서 선고를 정정합니다."라고 하며, 피고인에게 '징역 3년'을 선고해 버렸습니다!

1 사건 개요

　이 사건은 어떤 사람(A 씨)이 다른 여러 범죄 혐의로 1심 재판을 받던 중에 일어난 일입니다. 1심 재판이 모두 다 끝나고, 재판장이 선고를 하고 있던 중이었습니다.

　"피고인을 징역 1년에 처한다."라는 주문을 낭독하고, 상소기간에 대한 안내를 시작할 때, A 씨는 "재판이 개판이야! 재판이 뭐 이 따위야!" 등의 말과 욕설을 하면서 난동을 부리기 시작했습니다. 그래서 당시 옆에 있던 교도관이 A 씨를 제압하고 재판정 옆, 법정 내 유치장으로 끌고 갔습니다. 그리고 그 안에서도 계속 A 씨는 고함을 지르며 난동을 부렸죠. 그러자 재판장은 A 씨를 다시 법정으로 불렀습니다. 다시 법정에 불려 나왔지만 여전히 A 씨는 분을 참지 못하고 "그래서 뭐 항소기간이 어쨌다는 거냐!"라고 따져 묻는 등 화를 많이 냈습니다. 이에 재판장은 "선고가 아직 끝난 것이 아니니까, 이 법정에서 이뤄진 사정 등을 종합해서 선고형을 정정합니다. 피고인을 징역 3년에 처한다."라고 선고하며, 1심 재판을 마무리 지어버렸습니다.

2 무엇이 문제일까요?-관련 법률과 A 씨의 행동

　이 사건은 정식으로 기소가 된 사건은 아닙니다. 하지만 혹시 해당 사건이 앞서 다뤘던 모욕죄와 공무집행방해죄 중에서 어떤 죄에 해당할 수 있을지 짐작이 되실까요?

해당 사건은 모욕죄가 문제가 될 수 있습니다. 더 정확하게는 모욕죄 분류라 볼 수 있는 법정 모욕죄가 문제가 될 수 있습니다. 이 사건 판결문의 주석을 살펴보면 재판부의 의견을 살펴볼 수 있습니다. "피고인의 행위는 「형법」 제138조의 법정모욕죄(법정형 : 3년 이하의 징역형 또는 700만원 이하의 벌금형)에도 해당하는 것으로 보이는데, 피고인이 법정모욕죄로 입건되어 처벌받지는 아니하였다."라는 의견이 작성되어 있습니다.

그렇다면 판사도 공무원이고 재판이라는 공무를 집행하고 있었는데 이걸 방해했으니 공무집행방해죄가 되는 것이 아닌지에 대한 의문이 생길 수 있습니다. 공무집행방해죄는 '폭행이나 협박을 해서 공무원의 직무를 방해'해야 성립하는 범죄입니다. 드러난 사실관계를 살펴보았을 때 A 씨가 법정에서 소리를 지르고 소란을 일으킨 것까지는 확인이 됩니다. 그러나 재판 중인 판사를 폭행했다거나 협박한 사실까지는 명확하지 않으므로 공무집행방해죄에 해당된다고 할 수는 없습니다.

3 선고가 중간에 바뀔 수가 있나요?

선고가 중간에 바뀌는 경우가 많지는 않습니다. 재판부에서 그간 해당 사건을 충분히 분석하고 판단한 뒤, 적절한 선고 사유와 형량을 제시하기 때문입니다. 하지만 정말 가끔 그런 일이 일어나기도 합니다. 이런 경우에 대해 어떤 의견을 밝혔는지, 판례를 함께 읽어볼까요?

> **관련 판례**
>
> **의정부지방법원 2024. 8. 30. 선고 2022노1218 판결**
>
> 판결 선고는 전체적으로 하나의 절차로서 재판장이 판결의 주문을 낭독하고 이유의 요지를 설명한 다음 피고인에게 상소기간 등을 고지하고, 필요한 경우 훈계, 보호관찰 등 관련 서면의 교부까지 마치는 등 선고절차를 마쳤을 때에 비로소 종료되는 것이므로, 재판장이 주문을 낭독한 이후라도 선고가 종료되기 전까지는 일단 낭독한 주문의 내용을 정정하여 다시 선고할 수 있다. 그러나 판결 선고절차가 종료되기 전이라도 변경 선고가 무제한 허용된다고 할 수는 없다. 재판장이 일단 주문을 낭독하여 선고 내용이 외부적으로 표시된 이상 재판서에 기재된 주문과 이유를 잘못 낭독하거나 설명하는 등 실수가 있거나 판결 내용에 잘못이 있음이 발견된 경우와 같이 특별한 사정이 있는 경우에 변경 선고가 허용되는 것이다.

즉, 일단 주문을 낭독해서 선고 내용이 외부적으로 표시가 되었다면, 말실수나 판결 내용에 잘못이 있는 경우처럼 특별한 사정이 있어야 변경 선고가 가능합니다. 예를 들어 "금고 1년을 선고한다."라고 해야 하는데 "징역 1년을 선고한다."라고 말을 잘못했다거나 하는 경우입니다. 판사도 사람이고, 하루에 수십 건씩 선고하다 보면 실수가 나올 때도 정말 가끔 있습니다.

그런데 이 사건의 경우에는 그런 사유가 없었다는 것이 문제입니다. 이 사건의 파기 환송된 후에 진행된 항소심의 판결문에서는 '이 사건 변경 선고는 최초 낭독한 주문 내용에 잘못이 있다거나 재판서에 기재된 주문과 이유를 잘못 낭독하거나 설명하는 등 변경 선고가 정당하다고 볼 만한 특별한 사정이 발견되지 않기 때문에 위법하다.'고까지 했습니다.

4 　더 알아보기
여러분이 A 씨의 변호인이라면 어떻게 대응하면 좋을까요?

항소 후 제1심 판결 선고과정의 잘못을 항소이유서에 기재

　이 사건에서 A 씨가 난동을 부릴 선고 당시 변호인이 옆에 있지 않았습니다. 선고기일은 보통의 공판기일과 달리 실질적인 변론이나 증거조사가 이루어지지 않고 재판장의 이야기를 일방적으로 들을 뿐이기 때문에 변호인이 할 수 있는 일이 보통 없습니다. 게다가 경우에 따라 시간도 1시간 이상 소요되기도 해서 효율성이 떨어지는 등 여러 이유로 변호인이 선고기일에 출석하는 경우는 드뭅니다.

　A 씨의 변호인이 해당 사실을 나중에 알게 되었다면 어떤 도움을 줄 수 있을까요? 안타깝지만 현행법상 이미 선고가 종료되었다면, 그 단계에서는 더 이상 할 수 있는 일이 없습니다. 항소장을 제출해서, 부당한 절차가 진행된 것으로 보인다는 취지로 항소이유서를 제출하는 것이 최선으로 보입니다.

　제1심의 재판장은 판결을 다시 선고하면서 '선고가 아직 끝난 것이 아니고 선고가 최종적으로 마무리되기까지 이 법정에서 나타난 사정 등을 종합하여 선고형을 정정한다'는 취지로 말하고 징역 1년 대신 징역 3년으로 선고한 바 있습니다. 바로 이 부분이 변호인이 짚어야 하는 부분이 아닐까 싶습니다. 대법원 판결에서도 이러한 점이 잘 나타나 있습니다.

> **관련 판례**
>
> **대법원 2022. 5. 13. 선고 2017도3884 판결**
>
> … 위 변경 선고는 최초 낭독한 주문 내용에 잘못이 있다거나 재판서에 기재된 주문과 이유를 잘못 낭독하거나 설명하는 등 변경 선고가 정당하다고 볼 만한 특별한 사정이 발견되지 않으므로 위법하고, 피고인이 난동을 부린 것은 제1심 재판장이 징역 1년의 주문을 낭독한 이후의 사정이며, 제1심 재판장은 선고절차 중 피고인의 행동을 양형에 반영해야 한다는 이유로 이미 주문으로 낭독한 형의 3배에 해당하는 징역 3년으로 선고형을 변경하였는데, 선고기일에 피고인의 변호인이 출석하지 않았고, 피고인은 자신의 행동이 양형에 불리하게 반영되는 과정에서 어떠한 방어권도 행사하지 못하였다는 이유로, 이와 달리 보아 제1심 선고절차에 아무런 위법이 없다고 판단한 원심판결에 판결 선고절차와 변경 선고의 한계에 관한 법리오해의 잘못이 있다.

즉, ① 최초 낭독한 주문 내용에 잘못이 있다거나 하는 등의 사유가 없었고, ② 피고인이 난동을 부렸다고 하더라도 그것은 이미 주문을 낭독한 이후의 사정이기 때문에 최초 낭독한 주문 내용에 잘못이 있다고 볼 수 없기에 선고절차 중 피고인의 행동을 양형에 반영해서 징역 3년을 선고한 것은 절차상 잘못되었다는 거죠. 게다가 양형이 불리하게 작용하는 데 피고인이 변호인의 조력을 받을 수도 없는 상황이었기 때문에 ③ 아무런 방어권도 행사하지 못하였다는 점을 지적해서 선고일로부터 7일 이내에 항소장을 제출하고, 이에 따른 항소이유서를 작성하는 것이 대법원 판결에서 나타난 정답으로 보입니다.

만약 A 씨의 옆에 변호인이 있었다면?

이번에는 재밌는 가정을 하나 해볼까 합니다. 제1심 판결 선고 자리에 A 씨의 옆에 여러분이 변호사로서 있었다면 어떻게 대응하면 좋을까요? 변호인으로서는 정말 상상하고 싶지 않은 장면 중 하나라, 한 편의 법정 드라마가 지나가는 기분이네요.

이론적으로는 「형사소송법」 제304조 제1항(재판장의 처분에 대한 이의)의 '검사, 피고인 또는 변호인은 재판장의 처분에 대하여 이의신청을 할 수 있다'는 조문을 활용하여 재판장의 처분이 부당함을 지적하면서 이의신청을 할 수도 있습니다. 이 경우 판결 선고 중 형량 변경이 법적 근거가 없음을 명확히 알고 있어야 합니다. 만약 이 부분을 정확하게 지적한다면 재판부도 수정된 판결을 다시 정정하여 원래의 징역 1년을 선고했을지도 모르죠.

변호인의 조력자로서의 역할

> **관련 법률**
>
> **「변호사법」 제1조 제11항(변호사의 사명)**
> ① 변호사는 기본적 인권을 옹호하고 사회정의를 실현함을 사명으로 한다.
>
> **「변호사법」 제2조**
> 변호사는 공공성을 지닌 법률전문직으로서 독립하여 자유롭게 그 직무를 수행한다.
>
> **변호사 윤리장전 중 윤리강령**
> 1. 변호사는 기본적 인권의 옹호와 사회정의의 실현을 사명으로 한다.
>
> **변호사 윤리장전 중 윤리규약 제1장 일반적 윤리**
> 제1조[사명] ① 변호사는 인간의 자유와 권리를 보호하고 향상시키며, 법을 통한 정의의 실현을 위하여 노력한다.

> **관련 판례**
>
> **헌법재판소 2004. 9. 23. 선고 2000헌마138 결정**
>
> 피의자·피고인의 구속 여부를 불문하고 조언과 상담을 통하여 이루어지는 변호인의 조력자로서의 역할은 변호인선임권과 마찬가지로 변호인의 조력을 받을 권리의 내용 중 가장 핵심적인 것이고, 변호인과 상담하고 조언을 구할권리는 변호인의 조력을 받을 권리의 내용 중 구체적인 입법형성이 필요한 다른 절차적 권리의 필수적인 전제요건으로서 변호인의 조력을 받을 권리 그자체에서 막바로 도출되는 것이다. … 불구속 피의자나 피고인의 경우 「형사소송법」상 특별한 명문의 규정이 없더라도 스스로 선임한 변호인의 조력을 받기 위하여 변호인을 옆에 두고 조언과 상담을 구하는 것은 수사절차의 개시에서부터 재판절차의 종료에 이르기까지 언제나 가능하다.

사실 이런 상황에선 무엇보다 피고인에 대한 심리적 지원을 해주는 것이 타당합니다. 변호인의 입장에서 의뢰인이 법정에서 불이익을 받는 것을 지켜보는 일은 절대 좋지 않으니까요. 변호사가 그런 것까지 해야 하냐구요? 변호사의 피고인 또는 의뢰인에 대한 심리적 지원 의무는 전형적인 변호사의 업무는 아니라 볼 수도 있습니다. 하지만 헌법상 실질적인 변호인의 조력을 받을 권리, 「변호사법」, 변호사 윤리장전 등 다양한 법적·윤리적 근거를 가지고 있다고도 볼 수 있습니다. 단순히 도덕적 차원의 문제가 아니라, 변호인으로서의 직무를 충실히 수행하기 위해서 말이죠.

이 사건에서의 A 씨는 최초 판결 선고 이후 심리적으로 취약한 상태에 있을 가능성이 높습니다. 이럴수록 변호인의 심리적 지원은 피고인의 방어권 행사를 실질적으로 보장하고 공정한 재판을 받을 권리를 실현하는 데 중요한 역할을 할 수 있으니까요. 실질적인 변호인의 조력이란 변호인이 피의자·피고인의 방어권 행사를 위해 실효성 있는 법률적 지원을 제공하는 것을 의미하거든요.

 **토론 거리**

　지금까지는 일반인 분들을 위한 토론 주제였다면, 이번에는 변호사가 되려는 분들을 위한 토론 주제입니다. '변호사가 되려면 이런 생각과 공부를 해야 하는구나.'라고 살펴보시면 좋을 것 같습니다. 다음 제시된 사건은 각색한 가상의 사건입니다.

　2016. 9. 22. 제1심 형사사건의 피고인으로 변호인 없이 혼자 출석한 A 씨는 선고기일이 열리는 법정에서 난동을 부렸고, 재판장은 선고가 다 끝나기 전에 원래 선고했던 징역 1년 대신 징역 3년으로 선고를 하였습니다. 2022. 5. 13. 대법원에서 판사의 잘못이 있다고 판결하였고, 같은 날 대법원 선고기일에 출석한 A 씨는 이 판결을 바로 알았습니다. 오늘이 2025. 5. 13.이라면 A 씨는 판사 또는 국가를 대상으로 불법행위를 원인으로 한 손해배상청구를 할 수 있을까요?

　내용을 보시면 아시겠지만, 이번 토픽에서 이야기한 사건을 소재로 변호사 시험 문제와 비슷하게 만든 '글'입니다(이 글을 정식 문제로 보기에는 오류가 다소 존재합니다). 그래도 대략 「민법」 또는 「국가배상법」상의 손해배상청구권, 법관의 재판에 대한 국가배상책임 인정 여부, 손해를 안날의 기준, 초일불산입 원칙 등이 이 상황과 관련된 쟁점이 될 수는 있습니다. 혹시 이 쟁점의 내용이 궁금해진 분이 있으실까요? 그러면 당신은 법학에 소질이 있는 걸지도 모릅니다. 이 글은 단순히 여러분의 흥미를 스스로 확인하기 위한 것이니, 풀려고 너무 고민하지는 마세요!

참고 판례

대법원 2022. 5. 13. 선고 2017도3884 판결

그러나 판결 선고절차가 종료되기 전이라도 변경 선고가 무제한 허용된다고 할 수는 없다. 재판장이 일단 주문을 낭독하여 선고 내용이 외부적으로 표시된 이상 재판서에 기재된 주문과 이유를 잘못 낭독하거나 설명하는 등 실수가 있거나 판결 내용에 잘못이 있음이 발견된 경우와 같이 특별한 사정이 있는 경우에 변경 선고가 허용되는 것이다.

참고 법령

「형법」 제138조(법정 또는 국회회의장모욕)

법원의 재판 또는 국회의 심의를 방해 또는 위협할 목적으로 법정이나 국회회의장 또는 그 부근에서 모욕 또는 소동한 자는 3년 이하의 징역 또는 700만원 이하의 벌금에 처한다.

형사소송법 및 형사소송규칙에 따른 판결 선고절차

판결 선고 시의 주문 낭독과 이유 설명
「형사소송법」 제43조(동전)
재판의 선고 또는 고지는 재판장이 한다. 판결을 선고함에는 주문을 낭독하고, 그 이유의 요지를 설명해야 한다.

↓

형 선고 시 피고인에 대한 상소 관련 고지 의무
「형사소송법」 제324조(상소에 대한 고지)
형을 선고하는 경우에는 피고인에게 상소할 수 있는 기간과 상소할 법원을 고지하여야 한다.

↓

판결 선고 시 이유 설명과 훈계의 방법
「형사소송규칙」 제147조(판결의 선고)
① 재판장은 판결을 선고할 때 피고인에게 이유의 요지를 말이나 판결서 등본 또는 판결서 초본의 교부 등 적절한 방법으로 설명한다.
② 재판장은 판결을 선고하면서 피고인에게 적절한 훈계를 할 수 있다.

↓

보호관찰, 사회봉사, 수강명령 시 서면 교부 의무
「형사소송규칙」 제147조의2 제1항(보호관찰의 취지등의 고지, 보호처분의 기간)
① 재판장은 판결을 선고함에 있어서 피고인에게 형법 제59조의2, 형법 제62조의2의 규정에 의하여 보호관찰, 사회봉사 또는 수강(이하 "保護觀察등"이라고 한다)을 명하는 경우에는 그 취지 및 필요하다고 인정하는 사항이 적힌 서면을 교부하여야 한다.

PART 02

얼마 전까진 괜찮았지만 이제는 범죄라고요?

prologue

　뉴스를 보면 가끔 우리 사회를 크게 뒤흔드는 범죄나 사건 사고들이 발생하곤 합니다. 그런 경우 언론에서는 어김없이 현행법에는 문제가 없는지를 돌아보고, 정치권에서는 관련 법 개정이나 신설을 논의합니다. 사실 법이 만들어진다고 해서 그런 안타까운 사건을 100% 방지할 수 있는 것은 아닙니다. 그래도 사람들과 기업들은 법의 변화를 접하면서 지금까지의 잘못된 관행이나 자신의 행동에 경각심을 갖게 됩니다. 또한 법은 우리 사회가 나아가야 할 방향을 제시하기 때문에, 법 개정에 관심을 갖는 것은 현대 사회를 살아가는 우리 모두에게 당연한 과제이기도 합니다.

　2000년대 이후에도 우리 사회에서 발생한 여러 충격적인 사건들은 새로운 법률의 제정으로 이어졌습니다. 그 결과 예전에는 처벌받지 않던 행위가 이제는 엄중한 처벌의 대상이 되었거나, 보다 강력한 처벌을 받게 되기도 합니다. 때로는 범죄로 간주되던 행위가 형사상 범죄가 아니게 되는 경우도 있습니다. 물론 그렇다고 해서 도덕적인 비난이나 민사적 책임까지 피할 수 있는 것은 아니죠. 법적 변화는 사회적 흐름 속에서 사람들이 생활 문화를 바꿔 왔고, 그 흐름을 법이 뒤따라가게 된 결과입니다. 중요한 건 단순히 "어쩌다 보니 어느 순간 법이 엄해졌다!"라고 받아들이기보다는, 왜 이런 변화가 필요했고 얼마나 많은 사람들의 공감대가 쌓여 법이 만들어지거나 폐지되었는지에 주목하는 것입니다. 그래야 '과거의 상식에 머무른 사람'으로 남지 않고, 변화하는 사회 속에서도 나아갈 방향을 잃지 않고 당당하게 생활할 수 있지 않을까요?

PART 02에서는 2000년 이후 새롭게 범죄가 된 '카메라 등 이용 촬영죄', 2007년경 새롭게 신설된 '운전자 폭행'에 대한 가중처벌 조항, 그리고 2021년경 제정된 「스토킹처벌법」에 관한 이야기를 담고 있습니다. 본문에서 다루지는 않았지만, 2012년에는 형법 개정을 통해 '유사강간죄'가 신설되기도 했습니다.

이외에도 '박사방', 'N번방' 등 텔레그램과 같은 소셜 미디어를 통한 디지털 성착취 사건들이 사회적으로 큰 충격을 주었습니다. 기존의 법령(「성폭력처벌법」, 「정보통신망법」 등)만으로는 불법 촬영물과 성착취물의 유통 및 차단을 실효성 있게 막기 어렵다는 비판이 컸습니다. 이로 인해 「아동·청소년의 성보호에 관한 법률」 개정(일명 N번방 방지법)이 있었습니다. 비슷한 시기에 스쿨존 내 교통사고를 줄이기 위해서 일명 민식이법이 개정되었고, '정인이 사건'을 계기로 아동학대 신고·수사·재판 과정에서 보호를 강화하고 아동학대치사를 가중처벌하는 법적 변화도 있었습니다.

반대로 과거에는 범죄였지만 이제는 더 이상 범죄가 아닌 경우도 있습니다. 대표적인 예가 '간통죄'입니다. 「형법」 제241조에 규정되어 있던 간통죄는 2015년 헌법재판소의 위헌 결정으로 폐지되었습니다. 간통죄는 배우자가 있는 사람이 다른 사람과 성관계를 맺는 행위를 처벌하는 조항이었습니다. 그러나 개인의 성적 자기결정권과 사생활의 비밀과 자유를 과도하게 제한한다는 이유로 위헌 판결을 받았습니다. 이제 간통은 도덕적으로 비난받아 마땅한 행위일지라도 형사처벌의 대상은 아닙니다. 다만, 민사상 불법행위로 간주되어 손해배상의 책임은 발생합니다. 형사 책임이 사라졌다고 민사 책임마저 사라지는 것은 아닙니다(헌법재판소 2015. 2. 26. 선고 2009헌바17 등 결정).

바뀌는 것은 범죄 자체뿐만이 아닙니다. 사람들의 행동 변화에 따라 절차법도 달라집니다. 그 예로, 정식재판청구 절차의 변화에 대해 TOPIC 06~07에 걸쳐 말씀드리겠습니다. 또한, 법이나 절차 자체가 명시적으로 바뀌지 않았더라도 현실의 변화를 반영해 재판의 흐름이나 경향이 달라지기도 합니다.

사회는 수많은 사람과 다양한 사건을 겪으며 끊임없이 변화합니다. 따라서 법 역시 새로운 모습으로 만들어지고 사라지기도 합니다. 이렇게 변해가는 사회를 수동적으로 바라보기만 하지 말고, "왜 이런 변화가 필요한가?"라는 질문을 던지며, 그 속에 담긴 사회적·윤리적 고민을 함께 나누었으면 좋겠습니다. 그렇게 한다면 개인적으로도 보람이 있을 뿐 아니라, 누군가를 도울 수도 있을 테니까요.

TOPIC 01

#고의적 #반복적 #스토킹행위 #층간소음

층간소음을 낸 것이 어째서 스토킹범죄가 될 수 있나요?

"이웃 간의 갈등, 소음에서 시작된 새로운 스토킹범죄!"

오늘은 최근 판례 중 층간소음을 스토킹범죄로 인정한 재밌는(?) 판례가 있어 소개해 드릴까 합니다.

일반적으로 스토킹범죄라고 하면 지속적으로 따라다니거나, 연락, 문자 등을 계속 보내 불안감과 공포심을 일으키는 범죄라 생각하실 텐데요.

그런데 「스토킹처벌법」에서는 지속적으로 불안감을 일으키는 소리를 도달하게 하더라도 이를 스토킹범죄로 처벌할 수 있는 규정이 있습니다.

판례안에서도 수 개월 동안 새벽 시간에 망치로 천장을 찍는다거나, 스피커 등으로 소음을 일으키는 행위를 수십 번 한 경우, 이를 스토킹범죄로 인정했습니다.

이웃에서 들리는 층간소음으로 평소 불만이 있었다는 것이 그 이유로 보이지만 그 정도가 지나쳤던 것으로 보입니다.

1 사건 개요

이번엔 한 사람('A 씨')이 집요하게 일으킨 층간소음이 문제가 된 사건을 소개해 드리려고 합니다. 다세대 주택에 살고 있던 A 씨는 주변 가구 사람들에게 층간소음으로 불만을 품고 있었던 것으로 추정됩니다. 몇 달 동안 A 씨는 늦은 밤부터 새벽까지 망치 같은 도구로 벽과 천장을 두드리며 '쿵쿵' 소리를 내거나, 음향기기를 크게 트는 방법으로 보복성 소음을 수십 번 이상 반복적으로 발생시켰습니다.

그 결과 지속적인 소음과 불안감으로 인해 주변 이웃들이 이사 가는 일이 벌어졌고, 윗집에 살고 있던 피해자 역시 극심한 스트레스를 호소했습니다. 더욱이 A 씨는 경찰이 찾아와서 중재를 시도하자 영장을 가져오라며 대화 및 출입을 모두 거부했고, 정작 대화를 시도하는 이웃들을 역으로 '스토킹'으로 고소하는 등 정상적인 문제해결을 위한 노력 없이 적대적인 태도를 유지했습니다.

그런 이유로 1심과 2심 법원에 이어 대법원까지, 이러한 A 씨의 행위가 '단순한 층간소음 불만표출을 넘어, 상대방에게 불안감 또는 공포심을 지속적으로 일으키는 스토킹행위'라고 판단했습니다. 즉, 「스토킹처벌법」상 정당한 이유 없이 상대방에게 도달시키는 소리 또한 스토킹행위로 볼 수 있다는 것입니다. 여기에 '여러 달 동안 반복된 점'과 '밤늦게나 새벽에만 소음을 내는 행위', '이웃 모두와 대화하지 않고 신고·중재를 무시한 점' 등이 종합적으로 고려되어 최종적으로 스토킹범죄까지 인정되었습니다.

2. 무엇이 문제일까요? - 관련 법률과 A 씨의 행동

문제의 핵심 : 고의적이고 반복적인 소음 행위

층간소음 갈등은 흔히 당사자 간의 합의, 혹은 행정적·관리적 제도(예 관리사무소나 분쟁조정위원회)를 통해 해결되는 경우가 많습니다. 하지만 이 사건에서 A 씨는 그러지 않았습니다. 고의적이고 반복적인 소음 행위를 통해, 이웃들에게 불안감·공포심을 유발한 점이 결국 범죄로 인정되었습니다.

「스토킹처벌법」이란?

「스토킹범죄의 처벌 등에 관한 법률」(이하 「스토킹처벌법」) 제2조 제1호에 따르면, 스토킹행위는 상대방의 의사에 반하여 정당한 이유 없이 특정 행위를 하여 상대방에게 불안감 또는 공포심을 일으키는 것을 말합니다.

보통 '사람 뒤를 따라다니는 행위'나 '휴대전화·SNS로 집요하게 연락하는 행위'가 대표적 예입니다.

망치 같은 도구나 스피커를 틀어도 스토킹행위인가요?

「스토킹처벌법」 제2조 제1호 다목에서는 '상대방에게 우편·전화·팩스 또는 정보통신망 등을 이용하여 물건이나 글, 말, 부호, 음향 등(이하 '물건 등')을 도달하게 하는 행위'가, 라목에서는 '직접 상대방에게 물건 등을 도달'하게 하는 행위가 스토킹에 해당한다고 규정합니다.

이 사건에서 A 씨는 모두 잠든 시간인 밤늦게 또는 새벽 시간에 '망치질 소리', '음향기기를 크게 튼 소리'를 수십 차례 윗집이나 이웃에게 도달하게 했습니다. 이렇게 되어 단순 '소음'이나 단순한 스토킹행위를 넘어, 의도적 반복적으로 상대방에게 공포심을 일으키려는 목적이 인정되어 스토킹범죄로 인정된 것입니다.

지속적이고 반복적인 A 씨의 잘못된 행동

「스토킹처벌법」 제2조 제2호에서는 스토킹행위가 지속적 또는 반복되어야 스토킹범죄가 성립한다고 규정합니다. A 씨는 같은 행위를 몇 달간, 늦은 밤과 새벽에 반복적으로 수행했기에 스토킹범죄의 '지속·반복성' 요건이 충분히 충족되었습니다.

3 층간소음, 어디까지가 참아야 하는 수준일까?

안타깝지만 층간소음은 공동주택에 사는 현대인들에게 피할 수 없는 문제입니다. 국토교통부와 환경부가 공동으로 제정한 '공동주택 층간소음의 범위와 기준에 관한 규칙'에 따르면, 층간소음은 크게 두 가지로 나뉩니다. 하나는 뛰거나 걷는 동작 등으로 인한 '직접충격 소음'이고, 다른 하나는 텔레비전이나 음향기기 등의 사용으로 인한 '공기전달 소음'입니다. 이 규칙은 주간(06:00~22:00)과 야간(22:00~06:00)으로 나누어 소음 기준을 정하고 있습니다. 2025년 현행 층간소음 기준은 다음과 같습니다.

직접충격 소음	주간 39dB, 야간 34dB(1분간 등가소음도 기준)
공기전달 소음	주간 45dB, 야간 40dB

40db 정도가 냉장고 또는 도서관에서의 소음, 45db은 조용한 거리에서 들리는 자동차 소리 정도라고 합니다. 하지만 이러한 기준은 단순한 권고사항에 불과하며, 실제로 이를 초과한다고 해서 바로 법적 제재를 받는 것은 아닙니다. 「공동주택관리법」 제20조에 따르면 '공동주택의 입주자 등은 층간소음으로 인하여 다른 입주자 등에게 피해를 주지 아니하도록 노력하여야 한다.' 라고 규정하고 있을 뿐이라 이웃 주민 간에 배려와 일부 소음은 수용이 필수적이라 하겠습니다.

4 「스토킹처벌법」, 꼭 알아야 할 포인트

스토킹행위를 하면 무조건 범죄인가요?

「스토킹처벌법」은 스토킹행위와 스토킹범죄를 엄연히 구별하고 있습니다. 어떤 행위가 스토킹행위로 인정될 수는 있지만, 그것만으로 바로 범죄가 되는 것은 아니고 '지속적' 또는 '반복적'으로 스토킹행위를 하면 스토킹범죄가 된다고 정해놨습니다. 즉, 스토킹행위+'지속적' 또는 '반복적'=스토킹범죄가 되는 것이죠.

> **관련 법률** 　　「스토킹처벌법」 제2조 제2호(정의)
> 2. "스토킹범죄"란 지속적 또는 반복적으로 스토킹행위를 하는 것을 말한다.

또한 어떤 행위가 '스토킹행위'인지는 「스토킹처벌법」 제2조의 해석에 따라 다음과 같은 요건을 기준으로 생각해 볼 수 있습니다.

상대방의 의사에 반할 것	피해자가 원하지 않는 행위일 것
정당한 이유가 없을 것	행위에 정당한 사유가 없을 것
지속적 또는 반복적일 것	일회성이 아닌 계속적인 행위일 것
불안감 또는 공포심을 일으킬 것	피해자에게 심리적 영향을 미칠 것

스토킹행위 및 처벌의 구체적인 사례

「스토킹처벌법」에서는 어떤 행위가 스토킹행위에 해당하는지를 정리해 놓았습니다. 그럼 구체적으로 어떤 행위가 처벌 대상이 될 수 있는지 예를 하나씩만 살펴볼게요.

- **가목**(접근, 따라다님, 진로 막음)

관련 법률 「스토킹처벌법」 제2조 제1호 가목(정의)
가. 상대방 또는 그의 동거인, 가족(이하 '상대방등'이라 한다)에게 접근하거나 따라다니거나 진로를 막아서는 행위

관련 판례 서울서부지방법원 2022. 11. 9. 선고 2022고단1623 판결
피고인과 피해자(여, 55세)는 8년 전 고부 관계에 있던 사람들이다. … 피고인은 2021. 11.경, 2022. 5. 25.경, 2022. 6. 2.경 피해자의 주거지인 서울 은평구 C 앞에서 피해자의 진로를 막아서고, 2022. 5. 20.경, 2022. 5. 23.경, 2022. 6. 3.경 위와 같은 장소 앞에서 피해자를 기다렸다.

해당 판례에서 피고인과 피해자는 과거에 시어머니와 며느리 사이였던 것으로 보입니다. 그런데 어떤 이유에선지 피고인은 과거 며느리였던 사람이 원하지 않는데도 1년이 넘는 기간 동안 수시로 정당한 이유 없이 피해자를 막아서거나 기다리는 행위를 하여서 피해자에게 불안감 또는 공포심을 일으키게 했던 것으로 보이네요.

- **나목**(기다림, 지켜봄)

> **관련 법률**
> 「스토킹처벌법」 제2조 제1호 나목(정의)
> 나. 상대방등의 주거, 직장, 학교, 그 밖에 일상적으로 생활하는 장소(이하 '주거등'이라 한다) 또는 그 부근에서 기다리거나 지켜보는 행위

> **관련 판례**
> 대구지방법원 2022. 9. 16. 선고 2021고합499 판결
> 붕어빵 노점(이하 '이 사건 노점'이라 한다)에 처음 손님으로 방문한 후, 피해자에게 "데이트를 하자."라고 하는 등 부당한 요구를 하여 피해자의 아들이 "찾아오지 말라."라고 하였음에도 2021. 10. 21.경부터 2021. 11. 22.경까지 (약 30회에 걸쳐) 피해자에게 접근하거나 피해자의 직장이나 그 부근에서 기다리거나 지켜보는 행위를 하였다.

해당 판례에서는 찾아오지 말라고 했음에도 가해자는 피해자를 찾아와서 약 30분 가까이 데이트를 하자는 부당한 요구를 하였고, 지속적으로 기다리거나 지켜보는 행위를 하여 스토킹범죄가 되었습니다.

나목의 '기다리거나 지켜보는 행위'는 얼핏 보면 가목의 '접근, 따라가기, 또는 진로를 막아서는 행위'와 비슷해 보입니다. 하지만 가목의 행위가 보다 적극적으로 피해자를 따라다니는 데에 비해, 나목의 행위는 소극적으로 기다리는 행위에 중점이 있습니다. 피해자의 일상 생활 및 그 안전을 보호하겠다는 것이 법의 취지로 보입니다.

- **다목**(정보통신망 등을 통한 접근)

> **관련 법률** 「스토킹처벌법」 제2조 제1호 다목(정의)
> 다. 상대방등에게 우편·전화·팩스 또는 「정보통신망 이용촉진 및 정보보호 등에 관한 법률」 제2조 제1항 제1호의 정보통신망을 이용하여 물건이나 글·말·부호·음향·그림·영상·화상을 도달하게 하는 행위

　다목과 관련된 판례는 PART 02 TOPIC 02에서 좀 더 자세히 말씀드리겠습니다. 지금은 이런 행위도 스토킹행위에 포함될 수 있는 사례라는 것만 알아주세요.

- **라목**(물건 등의 전달)

> **관련 법률** 「스토킹처벌법」 제2조 제1호 라목(정의)
> 라. 상대방등에게 직접 또는 제3자를 통하여 물건등을 도달하게 하거나 주거등 또는 그 부근에 물건등을 두는 행위

　이번 토픽의 이야기가 이 항목에 해당합니다. 이번 토픽의 A 씨는 모두 잠든 시간인 밤늦게 또는 새벽 시간에 '망치질 소리', '음향기기를 크게 튼 소리'를 수십 차례에 걸쳐 윗집과 이웃에게 도달하게 했죠. '물건등'에는 음향이 포함(글·말·부호·음향·그림·영상·화상)됩니다. A 씨는 이러한 '음향'을 직접 망치질이나 스피커를 통해서 도달하게 했기 때문에 스토킹행위가 인정된 거죠. 그리고 단순 '소음'이나 단순한 스토킹행위를 넘어, 의도적 반복적으로 상대방에게 불안감이나 공포심을 일으키려는 목적까지 인정되어 스토킹범죄로까지 판단된 것입니다.

• **마목**(물건 등의 훼손)

> **관련 법률**
> 「스토킹처벌법」 제2조 제1호 마목(정의)
> 마. 상대방등의 주거등 또는 그 부근에 놓여져 있는 물건등을 훼손하는 행위

> **관련 판례**
> **창원지방법원 진주지원 2022고단730, 1037(병합)**
> 피고인은 2022. 1. 18. 00 : 00경 경남 하동군 C에 있는 피해자가 운영하는 D 미용실에 찾아가, 위험한 물건인 망치(전체길이 45cm)를 집어 들고 시가 약 100만원 상당의 위 미용실의 앞문 및 옆문 유리를 때려 파손하고, 피해자에게 "××년, ×발, 행동 똑바로 해라."라고 욕설을 하였다.

해당 판례에서 피고인은 피해자가 여러 차례 찾아오거나 연락하지 말라고 하였음에도 문자 및 전화, 찾아가기, 기다리기 등 도합 70회 이상의 스토킹행위를 한 것이 인정되었습니다. 그중에 물건을 훼손하는 행위를 한 것은 딱 1번 밖에 없었습니다. 그럼에도 피해자가 원치 않은 많은 종류의 스토킹행위를 한 것이 인정되었기 때문에, 단 1회 밖에 없던 물건 훼손 행위도 지속성 또는 반복성이 인정되어 스토킹범죄로까지 인정되었습니다.

법원은 주거 부근의 물건 훼손이 1회적이더라도 다른 스토킹행위와 함께 전체적으로 스토킹행위에 해당할 수 있다고 판단한 것이죠.

- **바목**(개인정보 등의 유포)

> **관련 법률**
>
> 「스토킹처벌법」 제2조 제1호 바목(정의)
>
> 바. 다음의 어느 하나에 해당하는 상대방등의 정보를 정보통신망을 이용하여 제3자에게 제공하거나 배포 또는 게시하는 행위
>
> 1) 「개인정보 보호법」 제2조 제1호의 개인정보
> 2) 「위치정보의 보호 및 이용 등에 관한 법률」 제2조 제2호의 개인위치정보
> 3) 1) 또는 2)의 정보를 편집·합성 또는 가공한 정보(해당 정보주체를 식별할 수 있는 경우로 한정한다)

> **관련 판례**
>
> 수원지방법원 성남지원 2024. 8. 29. 선고 2024고합119 판결
>
> 피고인은 2023. 7. 10.경 피해자 B(26세, 여)로부터 '다시 만날 생각이 없고, 연락하지 말라'는 명백한 거부의사를 전달받았음에도 불구하고, … 정보통신망을 이용하여 불특정 다수인이 사용하는 애플리케이션(텔레그램, 앙톡, 카카오톡 오픈채팅방, 구직사이트 등)에 피해자의 개인정보를 제3자에게 제공하거나 배포 또는 게시하여 지속적 또는 반복적으로 피해자에게 불안감 또는 공포심을 일으키는 스토킹행위를 하였다.

해당 판례의 피고인은 여러 애플리케이션을 통하여 피해자의 개인정보를 무단으로 제공하거나 배포 또는 게시하였습니다. '성관계 또는 성매매를 원하면 집으로 찾아오거나 휴대전화 번호로 연락을 달라'는 취지의 메시지를 게시하였고, 불특정 다수의 사람들로 하여금 성적 목적으로 연락하도록 하였기에 스토킹범죄가 인정되었습니다.

- **사목**(상대방 가장)

> **관련 법률**
> 「스토킹처벌법」 제2조 제1호 사목(정의)
> 사. 정보통신망을 통하여 상대방등의 이름, 명칭, 사진, 영상 또는 신분에 관한 정보를 이용하여 자신이 상대방등인 것처럼 가장하는 행위

> **관련 판례**
> 수원지방법원 성남지원 2024. 8. 29. 선고 2024고합119 판결
> 피고인은 불특정 다수의 사람들이 이용하는 매체인 텔레그램의 오픈채팅방 등에서 … (여러 차례) 피해자인 것처럼 행세하며 피해자의 개인정보를 제공하거나 배포 또는 게시하여, 불특정 다수의 사람들로 하여금 성적 목적으로 피해자에게 연락하도록 유인하였고, 이로 인하여 피해자는 상당한 정신적 고통과 성적 불쾌감에 시달렸을 것으로 보인다.

해당 판례는 「스토킹처벌법」 제2조 제1호 사목의 '상대방 가장'에 해당하는 사례로도 생각됩니다. 하지만 이 사건의 검사는 개인정보를 유포한 부분만 포함하고, 상대방을 가장한 부분은 제외하고 기소를 하였기 때문에 위 판결문에는 사목의 '상대방 가장'에 대한 판단이 포함되어 있지는 않습니다. 그러니 참고만 하시면 좋겠네요.

아직은 새로운 법, 「스토킹처벌법」의 해석

「스토킹처벌법」은 비교적 새로 생긴 법이고, 스토킹행위에 대해서 아직까지는 사람들의 인식이 명확하게 자리잡혔다고 보기는 어렵습니다. 어떤 재판부는 「스토킹처벌법」의 해석에 대해 다음과 같이 밝혔습니다.

> **관련 판례**
> **서울남부지방법원 2023. 4. 5. 선고 2022고단1302 판결**
>
> 「스토킹처벌법」은 지속적 또는 반복적으로 집착적인 성향의 스토킹행위를 함으로써 상대방에게 불안감 또는 공포심을 일으키는 스토킹범죄를 억제하는 목적으로 2021. 4. 20. 제정되어 2021. 10. 21.부터 시행되고 있는 법률인바, 위 법률의 제정 목적 및 입법 취지에 비추어볼 때 「스토킹처벌법」의 대상 법률규정은 형식적인 법률규정의 문언에 과도하게 얽매이지 않고, 법의 목적을 실현하는 방향으로 다소 유연하게 해석될 여지가 있다.

즉, 피해자를 보호하는 목적과 취지에 맞게 다소간에 유연하게 해석될 여지가 있다는 것입니다. '나는 이런 행위가 스토킹인 줄 몰랐다.'라고 할지라도 이미 법이 우리 옆에 실제로 존재하는 이상, 이러한 법을 몰랐다고 처벌을 피할 수는 없습니다. 음주운전이 범죄인 줄 몰랐다고 하더라도 처벌되어야 하는 것처럼 법이 존재하는 이상, 그에 따른 책임이 필요한 것이 현실입니다.

5. 외국 사례로 알아보는 층간소음
(더 알아보기)

영국 하우징 옴부즈맨(Housing Ombudsman)의 "이웃 소음 및 반사회적 행위" 분쟁 조정

영국에는 주택 임차인 및 소유자들이 겪는 각종 분쟁을 중재·조정해주는 하우징 옴부즈맨(Housing Ombudsman) 제도가 있습니다. 이웃 소음 문제가 반복되어 경찰 신고로 이어지거나, 특정 세대(가구)가 의도적으로 소음을 일으켜 다른 거주자를 괴롭히는 경우 '반사회적 행위(ASB ; Anti-Social Behaviour)'로 분류해 제재하기도 합니다.

만약 지속적·악의적 행위로 인정되면, 영국 경찰은 해당 가해자에게 ASBO(Anti-Social Behaviour Order)라는 접근금지 명령이나 특정 행위를 금지하는 명령을 내릴 수 있습니다.

다만, 실제 스토킹범죄로 연결되려면 '상대방이 공포심이나 불안감을 갖게 되었는지'와 '가해자가 그러한 결과를 의도했는지'가 중요합니다.

미국 아파트 협회(AAOA) 및 HOA(Homeowners Association) 분쟁

미국의 아파트 거주자나 주택 단지(커뮤니티) 내 거주자들은 HOA(Homeowners Association)라는 협회를 통해 여러 생활상의 문제를 조정받게 됩니다. 이웃이 의도적으로 소음·협박성 행위를 반복하는 경우, HOA가 규정한 벌금을 부과하거나, 심한 경우 접근 금지나 퇴거 조치를 요청하기도 합니다. 경찰이 개입하여 형사사건으로 발전할 때는, 해당 행위가 'Harassment' 또는 'Stalking' 범주에 들어가는지를 판단합니다.

주(State)마다 법령이 달라서 기준이 조금씩 다르지만, 대체로 '반복된 괴롭힘'과 '상당한 정신적 고통(mental distress)'이 입증되면 스토킹으로 보고 처벌합니다.

일본「스토커 규제법」

일본의「스토커 규제법」은 '지속적 괴롭힘' 행위를 폭넓게 인정합니다. 이로 인해 휴대전화 벨소리 테러나 확성기·스피커를 이용한 소음 공해도 처벌 대상이 됩니다. '상대방이 느끼는 공포심'

을 기준으로 삼기 때문에 층간소음 등 지속적 괴롭힘으로 불안감이 유발될 수 있다고 인정되면 「스토커 규제법」 적용 가능성이 있습니다.

외국 사례에서 공통적으로 확인되는 점

이웃 간 소음 갈등도 '고의성'과 '지속성'이 인정되면, 단순 민원을 넘어 형사적 대응이 가능해집니다. 대체로 분쟁 조정 기구를 통해 먼저 중재를 시도하고, 그래도 해결되지 않거나 폭력·협박 수준으로 이어질 경우 경찰이 적극 개입하는 형태를 띱니다.

 토론 거리

- 공동주택에서 완벽한 무소음 환경은 사실상 불가능합니다. 그래서 일정 수준의 생활 소음은 서로가 이해하고 감수해야 합니다. 그러나 '의도적으로 소음을 낸 것'과 '일상적 생활 소음'의 경계는 어떻게 구분해야 할까요?
- 일반적으로 사람을 쫓아다닌 방식이 스토킹행위라 할 수 있었습니다. 하지만 그런 스토킹의 개념을 넘어서 층간소음의 행위도 스토킹행위에 포함될 수 있게 되었습니다. 이렇게 범죄 행위가 확장되는 방향은 타당하다고 생각하시나요? 사회 생활의 모습이 다양해짐에 따라 어쩔 수 없는 일일까요?
- 만약 스토킹행위에 포함되는 행동이 늘어나는 것이 타당하다면 이 외에도 어떤 행위가 스토킹행위에 포함될 수 있을까요? 또 만약 부당하다면 어떤 행위를 스토킹행위에서 제외하는 것이 타당할까요? 그 근거는 무엇입니까?

참고 판례

대법원 2023.12.14. 선고 2023도10313 판결

피고인의 행위는 층간소음의 원인 확인이나 해결방안 모색 등을 위한 사회통념상 합리적 범위 내의 정당한 이유 있는 행위라고 볼 수 없고, 객관적·일반적으로 상대방에게 불안감 내지 공포심을 일으키기에 충분하며, 위와 같은 일련의 행위가 지속·반복되었으므로 '스토킹범죄'를 구성한다고 본 원심판단을 정당하다고 한 사례이다.

참고 법령

「스토킹범죄의 처벌 등에 관한 법률」 제2조(정의)

1. "스토킹행위"란 상대방의 의사에 반(反)하여 정당한 이유 없이 다음 각 목의 어느 하나에 해당하는 행위를 하여 상대방에게 불안감 또는 공포심을 일으키는 것을 말한다.

   …

   다. 상대방등에게 우편·전화·팩스 또는 「정보통신망 이용촉진 및 정보보호 등에 관한 법률」제2조제1항제1호의 정보통신망(이하 "정보통신망"이라 한다)을 이용하여 물건이나 글·말·부호·음향·그림·영상·화상(이하 "물건등"이라 한다)을 도달하게 하거나 정보통신망을 이용하는 프로그램 또는 전화의 기능에 의하여 글·말·부호·음향·그림·영상·화상이 상대방등에게 나타나게 하는 행위

   라. 상대방등에게 직접 또는 제3자를 통하여 물건등을 도달하게 하거나 주거등 또는 그 부근에 물건등을 두는 행위

   …

2. "스토킹범죄"란 지속적 또는 반복적으로 스토킹행위를 하는 것을 말한다.

「공동주택관리법」 제20조 제1항(층간소음의 방지 등)

① 공동주택의 입주자등(임대주택의 임차인을 포함한다. 이하 이 조에서 같다)은 공동주택에서 뛰거나 걷는 동작에서 발생하는 소음이나 음향기기를 사용하는 등의 활동에서 발생하는 소음 등 층간소음[벽간소음 등 인접한 세대 간의 소음(대각선에 위치한 세대 간의 소음을 포함한다)을 포함하며, 이하 "층간소음"이라 한다]으로 인하여 다른 입주자등에게 피해를 주지 아니하도록 노력하여야 한다.

TOPIC 02

#부재중 전화 #스토킹범죄 #미필적 고의 #교제폭력

한 번의 부재중 전화도 교제폭력일 수 있습니다.

"상대방이 원치 않는 연락은 범죄입니다."

하지만 「스토킹처벌법」에서는 직접 통화를 하지 않아도 전화나 문자, 메신저 등을 이용해 말이나 소리, 글 같은 것을 '도달하게만 해도' 범죄가 됩니다.
즉, 부재중 전화만으로도 범죄가 될 수 있는 거죠.

이에 대법원에서는 피고인의 행위가 피해자의 의사에 반하여 정당한 이유 없이 지속적 또는 반복적으로 이뤄졌는지를 판단할 필요가 있기에 *파기환송 결정을 했습니다.

이거 다시 판단해야 할 것 같은데요?

돌려보내시죠

*파기환송 : 원심 판결에 문제가 있어서 그 판결을 유지할 수 없는 경우 이전 법원에 해당 사건을 되돌려 보내도록 하는 절차를 말합니다.

1 사건 개요

 A 씨는 B 씨와 만난 지 20년이 넘은 연인이었습니다. 그러던 중 언젠가부터 두 사람의 사이가 나빠지기 시작했던 것 같네요. 2021년경 A 씨는 B 씨에게 사업자금 천만원을 빌려달라고 하였으나 거절당했고, 그 뒤로 B 씨는 A 씨의 연락처를 차단했다고 합니다.

 그 이후로 A 씨는 B 씨에게 '지금 며칠째 ○○에 와서 널 찾고 또 부산 내려간다. 내일도 올라온다. 내가 너를 어찌하는지 잘 봐라.'는 내용의 문자를 보냈습니다. 이 외에도 약 한 달 동안 총 29회에 걸쳐 B 씨의 휴대전화로 반복하여 전화를 걸고 '매일 2회 방문한다. 연락해라.'는 내용의 문자도 여러 번 남겨놓았습니다.

 자신의 연락처가 차단당한 것을 안 A 씨는 다른 사람의 휴대전화 또는 발신자 정보 없음 기능을 이용해 전화했습니다. B 씨는 A 씨의 전화를 받지 않았고, B 씨의 휴대전화에 발신자 정보 없음 표시나 부재중 전화 표시가 남겨진 사실도 인정되었네요

(대법원 2023. 5. 18. 선고 2022도12037 판결).

2 무엇이 문제일까요?-관련 법률과 문제가 된 범죄 행위

> **관련 법률**
>
> 「스토킹처벌법」 제2조 제1호(정의)
>
> 1. "스토킹행위"란 상대방의 의사에 반하여 정당한 이유 없이 특정 행위를 하여 상대방에게 불안감 또는 공포심을 일으키는 것을 말한다.

문제의 핵심 : 원치 않는 연락을 너무 많이 한 A 씨

부재중 전화 메시지가 여러 차례 반복되어 있다면 그 자체만으로도 불안감이나 공포심에 들 수 있습니다. 하물며 너를 계속 찾고 있다거나, 하루에 2번씩 찾아간다거나, 계속 올 것이라고 이야기하며 계속 전화를 거는 것은 피해자 입장에서는 너무나 공포스러운 일이 될 것은 확실합니다.

3 만약에 단 한 번만 부재중 전화를 남겼다면?!

대법원 사건은 아닙니다만, 참고할 필요가 있는 판례(서울서부지방법원 2023. 6. 29. 선고 2022노1011)를 하나 소개해 드릴게요. 대법원까지 가지 않은 것은 검사와 피고인 모두 상고를 하지 않았을 뿐이고, 현재도 유효한 확정된 판결이기에 스토킹범죄에 있어서는 유의미한 판결이라 생각합니다.

C 씨와 D 씨는 서로 모르는 사이입니다. 다만, C 씨는 D 씨가 자신의 남자친구와 만나고 있다고 오해하여 D 씨에게 여러 차례의 협박성 연락을 하였습니다. 그래서 C 씨는 스토킹범죄로 유죄판결을 받았습니다. 하지만 정작 C 씨의 '부재중 전화' 기록은 단 한 건에 불과했습니다. 그럼에도 재판부는 이 '부재중 전화' 기록 역시 스토킹행위로 인정했습니다. 부재중 전화 뒤에도 C 씨는 문자를 2번 보냈고, 결국 D 씨와의 통화에 성공한 C 씨는 D 씨에게 "내가 누군지 알 거 없고 내가 너 행동 다 알고 있으니까 조심해라. 회사 카스에 글을 올리겠다."라는 말까지 했거든요.

비록 단 한 건의 부재중 전화에 불과하지만, 그 직후에 이어진 일련의 연락행위와 결합하여 피해자에게 불안감이나 공포심을 일으켰다고 보기에 충분하므로 스토킹행위에 포함된다고 판결하였습니다. D 씨가 C 씨에게 부재중 전화 전후로 불안감과 공포심이 드는 말을 했다는 것이 충분히 증명되었기 때문에 단지 '부재중 전화' 메시지에 불과하더라도 똑같이 불안감과 공포심이 드는 행위를 한 것이라도 판단한 것입니다.

이에 반해 제1심은 '부재중 전화' 메시지는 부재중 전화 시 휴대전화 기계 자체의 기능에서 나오는 것이지, C 씨가 직접 남긴 것이 아니기에 C 씨의 스토킹행위는 아니라고 판시했으나, 제2심은 '부재중 전화' 메세지는 오늘날 휴대전화 사용자 대부분이 알고 있는 휴대전화의 일반적인 기능이므로, 만약 C 씨의 통화가 연결되지 않더라도 D 씨의 휴대전화에 '부재중 전화' 메세지가 표시되는 것을 충분히 인식하고 용인하였다 보여 스토킹행위의 미필적 고의를 인정하였습니다.

4 더 알아보기
변호사가 보는 교제폭력 범죄

교제폭력이란?

이번 사례에서도 보듯, '스토킹'은 종종 교제폭력(데이트 폭력)의 한 형태로 나타납니다. 교제폭력이란 연인, 배우자, 사실혼 관계의 상대방에게 폭언, 폭행, 경제적 착취, 협박 등을 가해 물리적·정신적 피해를 주는 모든 행위를 의미합니다.

교제폭력은 연인 관계에서 발생하는 심각한 범죄이며, 신체적 폭력뿐 아니라 언어적·정서적·성적 폭력 등 다양한 형태로 나타납니다. 그래서 문제를 일찍 인지하고 단호한 대응을 통해 폭력의 수위를 낮추거나 중단시키는 것이 중요하며, 주변 도움과 전문 기관·법률적 지원을 적절히 활용해야 합니다. 피해를 입었거나 위험 신호가 감지된다면 절대 혼자 해결하려 하지 말고, 가능한 빠른 시점에 신고와 상담을 요청하여 안전을 확보하는 것이 무엇보다 중요합니다.

교제폭력, 이렇게 드러납니다.

교제폭력은 겉으로 드러나지 않아 주변에서 눈치채기 어려운 경우가 많습니다. 하지만 다음과 같은 신호들이 보인다면, 이미 폭력이 시작되었거나 위험에 노출되었을 가능성이 큽니다. 교제폭력의 주요 특징 및 위험 신호는 다음과 같습니다.

친밀감 속의 통제	지금 어디 있는지, 누구와 있는지 등 연인의 일상과 인간관계를 지나치게 간섭하거나 통제하려고 합니다.
언어적 폭력 또는 신체적 폭력	외모, 능력 등을 반복적으로 비하하거나, 물건을 던지는 등 위협적인 행동을 보입니다.
이별을 둘러싼 협박	"헤어지면 죽어버리겠다.", "회사로 찾아가겠다." 등 극단적 언행으로 이별을 막거나 죄책감을 유도합니다. 피해자는 이러한 말에 심리적으로 얽매여 관계를 끊어내지 못하는 경우가 많습니다.
스토킹·반복적 괴롭힘	SNS, 문자, 전화를 통해 지속적으로 연락하거나 집, 학교, 직장 앞에서 기다리는 등 피해자의 일상을 침해하는 행동 역시 폭력의 연장선에 있습니다.
피해자의 자책과 혼란	지속되는 가스라이팅에 피해자는 "내가 잘못해서 그랬나?", "그 사람도 힘들었겠지."라고 생각할 수 있습니다. 이로 인해 적절한 시기에 도움을 요청하는 게 늦어질 수 있습니다.

이런 신호가 보인다면 절대 혼자서 감당하려 하지 마세요. 연인이라는 관계에서도 폭력은 절대 정당화될 수 없습니다. 문제를 조기에 인식하고 주변에 신속하게 도움을 요청하는 것이 무엇보다 중요합니다.

교제폭력의 유형

신체적 폭력	• 때리기, 밀치기, 발로 차기, 목 조르기 등 직접적인 신체적 가해행위 • 무기로 협박하는 행위나, 신체적 제압을 통한 통제 • 언어적·정서적 폭력
욕설, 모욕, 인격적 비하	• 감시, 집착, 지속적인 연락 강요(카톡 확인, 전화 확인, 동선 제약 등) • 고립시키거나 지속적으로 비난·비교·비하하여 피해자의 자존감을 무너뜨리는 행위
성적 폭력	• 상대방의 동의 없이 성적 행위를 강요하거나, 성관계를 거부하는 상대에게 폭력·협박 • 원치 않는 노출이나 사진·영상 촬영을 강요, 혹은 유포 협박 • 성적 수치심을 주거나 성적 표현을 무리하게 요구하는 행위
경제적 폭력	• 피해자의 경제적 자원을 가로채거나 마음대로 사용하는 행위 • 상대방의 금전 사용을 통제하거나 빚을 대신 지게 하는 행위
기타 통제·협박 행위	• 이별을 요구하는 상대를 협박하거나, 가족이나 지인을 협박하는 행위 • 휴대폰·SNS를 해킹하거나 위치 추적 기기를 몰래 설치해 동선 파악

교제폭력, 이렇게 대처하세요!
-법률 전문가가 안내하는 현실적인 대응과 예방 방법

교제폭력은 단순한 다툼이 아닌, 반복되면 생명을 위협할 수도 있는 심각한 범죄입니다. 초기에 정확하게 인식하고, 신속하게 대응하는 것이 무엇보다 중요합니다.

- 위험 신호를 인지하고, 분명하게 거절하세요.

상대가 지나치게 간섭하거나 모욕적인 말을 한다면, "이런 행동은 받아들일 수 없다."라고 분명한 태도를 보여야 합니다. 사소한 폭력이라도 그때그때 명확하게 선을 긋는 것이 매우 중요합니다. 다만, 피해자 혼자서 문제를 해결하는 데는 한계가 있을 수 있으므로 주변의 도움을 적극적으로 활용하는 것이 필요합니다.

- 믿을 수 있는 사람에게 알리세요.

혼자 감당하려 하지 말고, 가족이나 친구, 선생님, 직장 동료 등 신뢰할 수 있는 사람에게 상황을 이야기하세요. 객관적인 시선을 가진 주변 사람들은 상황을 더 정확히 파악하고, 안전한 선택을 도와줄 수 있습니다. 필요하다면 상담 기관이나 경찰, 전문기관에 즉시 도움을 요청하는 것이 좋습니다.

- 증거는 최대한 잘 모아두세요.

문자, 카카오톡, 통화기록, 음성녹음, 병원 진단서, CCTV 영상 등은 중요한 증거가 될 수 있습니다. 교제폭력 사건은 시간이 지나면 증거가 사라지거나 왜곡되기 쉬우므로, 폭력의 흔적이나 기록은 가능한 한 빠르게 보관해 두는 것이 좋습니다. 증거가 있으면, 경찰 신고나 법적 절차가 훨씬 수월해집니다.

- 법의 도움을 받으세요.

신체 폭행, 협박, 스토킹, 성폭력 등은 모두 형사처벌 대상입니다. 경찰에 신고하면, 스토킹처벌법이나 가정폭력처벌법에 따라 접근금지명령, 피해자 보호시설 입소, 가해자에 대한 조치 요청 등 다양한 제도를 이용할 수 있습니다. 또한 여성긴급전화

1366, 해바라기센터, 성폭력·가정폭력 상담소 등 공공기관에서도 법률적·심리적 지원을 무료로 받을 수 있습니다.

- 마음도 함께 돌봐야 합니다.

반복된 폭력은 마음에 깊은 상처를 남깁니다. 자책하거나 무력감을 느낄 수 있지만, 피해자의 잘못은 결코 아닙니다. 심리상담센터나 정신건강의학과를 통해 전문적인 치료와 지지를 받는 것도 회복의 중요한 과정입니다. 자존감을 회복하고, 일상으로 돌아가기 위한 과정을 혼자서 짊어질 필요는 없습니다.

연인 간 폭력은 더 이상 개인 문제로 여겨져서는 안 됩니다. 학교, 직장, 지역사회에서 건강한 관계와 의사소통에 대한 교육이 꾸준히 이루어져야 합니다. 어떤 이유로든 상대를 해치는 행위는 결코 정당화될 수 없습니다.

토론 거리

- 교제폭력의 주요 원인은 무엇일까요? 이에 대해서는 성 인식 부족, 가해자의 충동조절 문제, 피해자의 잘못된 애착 관계나 정신적 문제 등에 대해 많은 논의가 이어지고는 있습니다. 개인적인 원인과 사회구조적인 원인 중에 어느 쪽에 좀 더 초점을 두고 접근하면 좋을까요?
- 주변 지인이 교제폭력 피해를 입고 있다면, 어떻게 해야 효과적인 도움을 줄 수 있는 걸까요? 이에 대해 '신고 의무화 제도'는 어떤 장단점이 있을까요?

참고 판례

서울서부지방법원 2023. 6. 29. 선고 2022노1011 판결

피고인은 피해자에 대한 스토킹범죄의 고의를 가지고 피해자에게 전화를 걸어 피해자의 휴대전화에 '부재중 전화' 메시지가 도달하도록 하였고, 이러한 행위는 그 직후에 이어진 일련의 전화나 문자 연락행위와 결합하여 피해자에게 불안감이나 공포심을 일으켰다고 보기에 충분하므로, 「스토킹처벌법」 제2조 제1호 다목이 정한 '스토킹행위'에 해당한다. 나아가 지속성 내지 반복성 또한 인정되므로 위 스토킹행위 전부가 '스토킹범죄'를 구성한다고 봄이 타당하다.

대법원 2023.5.18. 선고 2022도12037 판결

전화를 걸어 상대방의 휴대전화에 벨소리가 울리게 하거나 부재중 전화 문구 등이 표시되도록 하여 상대방에게 불안감이나 공포심을 일으키는 행위가 실제 전화통화가 이루어졌는지와 상관없이 「스토킹범죄의 처벌 등에 관한 법률」 제2조 제1호 다목에서 정한 스토킹행위에 해당한다고 판시하였다.

참고 법령

「스토킹범죄의 처벌 등에 관한 법률」 제2조(정의)

1. "스토킹행위"란 상대방의 의사에 반(反)하여 정당한 이유 없이 다음 각 목의 어느 하나에 해당하는 행위를 하여 상대방에게 불안감 또는 공포심을 일으키는 것을 말한다.

   …

   다. 상대방등에게 우편·전화·팩스 또는 「정보통신망 이용촉진 및 정보보호 등에 관한 법률」 제2조제1항제1호의 정보통신망(이하 "정보통신망"이라 한다)을 이용하여 물건이나 글·말·부호·음향·그림·영상·화상(이하 "물건등"이라 한다)을 도달하게 하거나 정보통신망을 이용하는 프로그램 또는 전화의 기능에 의하여 글·말·부호·음향·그림·영상·화상이 상대방등에게 나타나게 하는 행위

   라. 상대방등에게 직접 또는 제3자를 통하여 물건등을 도달하게 하거나 주거등 또는 그 부근에 물건등을 두는 행위

   …

2. "스토킹범죄"란 지속적 또는 반복적으로 스토킹행위를 하는 것을 말한다.

⚖️ TOPIC 03

#불법촬영 #아청법 #성착취물 #토렌트

성적행위 장면이 없더라도 '성착취물'입니다.

> "동의 없는 불법촬영은 성착취입니다."

불법 촬영 범죄는 아직도 증가하는 추세입니다.
최근 선고된 대법원 판례 하나 보고 갈까요?
(이번 화의 판결은 '음란물'이 '성착취물'이라고 변경되기 전에 발생한 사건이기에, 구법에 따라 '음란물'이라는 용어로 표현되어 있습니다. 참고해 주세요.)

1 사건 개요

이 사건은 2020년 3월경에 A 씨가 어느 한 동영상을 어떤 토렌트 방식의 프로그램을 통해 다운로드 받은 것이 문제가 된 사건입니다. A 씨가 받은 동영상에는 '고등학교 여자기숙사의 여러 방실에서 여학생들이 옷을 갈아입는 등 일상생활을 하는 모습을 몰래 촬영(불법촬영)한 장면'이 다수 포함되어 있었죠.

법정에서 A 씨는 내가 그런 동영상을 다운로드 받은 것은 맞지만 '일반적인 음란물은 성적행위가 포함되어 있는 것이라 할 텐데, 이 동영상에는 학생들이 일상적인 생활을 하는 모습이 담겨져 있을 뿐 성적인 행동을 하는 장면이 포함되어 있지는 않았으므로 음란물은 아니다.'라는 취지로 주장을 한 사안입니다.

2 무엇이 문제일까요?-관련 법률과 A 씨의 행동

현재는 해당 법률이 개정되었지만, 2020년 3경의 「아동·청소년의 성보호에 관한 법률」(일명 아청법)에는 "⑤ 아동·청소년이용음란물임을 알면서 이를 소지한 자는 1년 이하의 징역 또는 2천만원 이하의 벌금에 처한다."라는 조항이 있었습니다. A 씨는 '아동·청소년이용음란물임을 알면서 그 동영상을 다운 받아 소지'하였다는 점이 문제가 되어 재판을 받게 되었던 거죠.

> **관련 법률**
>
> **구「아동·청소년의 성보호에 관한 법률」제2조 제5호(정의)**
>
> ⑤ "아동·청소년이용음란물"이란 아동·청소년 또는 아동·청소년으로 명백하게 인식될 수 있는 사람이나 표현물이 등장하여 제4호의 어느 하나에 해당하는 행위를 하거나 그 밖의 성적 행위를 하는 내용을 표현하는 것으로서 필름·비디오물·게임물 또는 컴퓨터나 그 밖의 통신매체를 통한 화상·영상 등의 형태로 된 것을 말한다.

하지만 법원은 동영상에 보이는 학생들이 성적인 표현을 직접적으로 하지는 않지만, 아동청소년이 신체의 전부 또는 일부를 노출해서 일반인의 기준으로 성적 수치심이나 혐오감을 일으킨다면 이 역시도 '아동청소년이용음란물'에 해당한다고 하였습니다. 피고인을 유죄로 처벌해야 한다고 판단한 거죠.

> **관련 법률**
>
> **「아동·청소년의 성보호에 관한 법률」제2조 제4호 다목(정의)**
>
> 다. 신체의 전부 또는 일부를 접촉·노출하는 행위로서 일반인의 성적 수치심이나 혐오감을 일으키는 행위
>
> **관련 판례**
>
> **대법원 2023. 11. 16. 선고 2021도4265 판결**
>
> 아동·청소년 등이 일상적인 생활을 하면서 신체를 노출한 것일 뿐 적극적인 성적 행위를 한 것이 아니더라도 이를 몰래 촬영하는 방식 등으로 성적 대상화하였다면 이와 같은 행위를 표현한 영상 등은 아동·청소년이용음란물에 해당한다.

3 더 이상은 음란물이 아닙니다. '성착취물'입니다.

용어 변경의 의미와 배경

2020년 6월 2일, 「아동·청소년의 성보호에 관한 법률」은 중요한 변화를 맞이했습니다. 기존의 '아동·청소년이용음란물'이라는 용어가 '아동·청소년성착취물'로 변경된 것입니다. 당시의 개정 이유 전문은 다음과 같습니다.

> 아동·청소년을 대상으로 하는 음란물은 그 자체로 아동·청소년에 대한 성착취 및 성학대를 의미하는 것임에도 불구하고, 막연히 아동·청소년을 '이용'하는 음란물의 의미로 가볍게 해석되는 경향이 있는바, '아동·청소년이용음란물'을 '아동·청소년성착취물'이라는 용어로 변경함으로써 아동청소년이용음란물이 '성착취·성학대'를 의미하는 것임을 명확히 하고, 아동·청소년성착취물 관련 범죄 규모와 형태가 갈수록 교묘해지고 있지만, 우리나라의 아동·청소년성착취물 관련 범죄에 대한 처벌이 지나치게 관대해 실효성이 떨어진다는 비판이 커지고 있는바, 아동·청소년성착취물 관련 범죄에 대한 처벌을 강화함으로써 경각심을 제고하는 한편, 아동·청소년성착취물 관련 범죄를 저지른 사람을 수사기관에 신고한 사람에 대하여 포상금을 지급할 수 있는 근거를 마련하는 등 현행 제도의 운영상 나타난 일부 미비점을 개선·보완하려는 것이다.

'음란물'이라는 표현은 어떻게 생각하면, 마치 성인 간의 합의된 성적 표현물과 같은 뉘앙스를 줄 수 있습니다. 그러나 아동·청소년이 등장하는 이러한 영상물은 본질적으로 아동·청소년에 대한 '성착취'와 '성학대'의 결과물입니다. 자신의 의사에 반하여 촬영되거나, 원하지 않게 성적 대상화되는 피해자가 대다수입니다. 이 사건에서 문제가 된 동영상에 나오는 학생들도 자기를 몰래 찍고 있는 줄은 몰랐고, 찍히거나 동영상이 배포되는 것을 원하지 않았을 것으로 당연히 추정됩니다.

위와 같이 '성착취물'이라고 법률 개정을 통해, 이러한 행위가 단순한 음란성의 문제가 아니라 아동·청소년에 대한 심각한 인권침해이자 범죄행위임을 명확히 하고자 한 것이죠. 이는 국제사회의 흐름과도 일치해서, UN 아동권리위원회와 국제 NGO들도 오래전부터 'child pornography'라는 용어 대신 'child sexual abuse material(CSAM)' 또는 'child sexual exploitation material(CSEM)'라는 용어의 사용을 권고해 왔습니다.

이런 용어의 변경은 단순히 명칭만 바뀐 것이 아니라, 해당 범죄에 대한 사회적 인식과 법적 대응의 변화를 의미합니다. '성착취물'이라는 용어는 피해자 중심적 관점을 강조한다고 볼 수 있으며, 이러한 영상물의 제작, 유포, 소지 등의 행위가 아동·청소년에 대한 지속적인 착취와 학대로 이어진다는 점을 명확히 하는 거죠.

A 씨의 사례에서도 여학생들의 일상을 몰래 촬영한 동영상을 소지한 행위는 단순히 '음란한' 영상을 소지한 것이 아닙니다. 해당 행위는 아동·청소년을 성적으로 착취한 결과물을 소지한 것으로 그 행위의 불법성과 비난 가능성이 더욱 명확히 보이게 됩니다.

처벌 강화의 흐름

처벌 수위도 많이 강화되었습니다. 「아동·청소년의 성보호에 관한 법률」 제11조 개정 전·후를 비교하여 살펴보면 아래의 표와 같습니다.

구분	2020. 6. 2. 개정 전 (시행 2020. 11. 20.)	2020. 6. 2. 개정 후 (시행 2020. 11. 20.)
조문 제목	아동·청소년이용음란물 제작·수입·수출 형량 : 무기 또는 5년 이상 징역	아동·청소년성착취물 행위와 형량은 동일
제1항	아동·청소년이용음란물	아동·청소년성착취물
제2항	아동·청소년이용음란물 (영리목적)소지·운반/공연히 전시·상영 형량 : 10년 이하 징역	아동·청소년성착취물 '광고·소개' 추가 형량 : 5년 이상 징역
제3항	아동·청소년이용음란물 배포·제공/공연히 전시·상영 형량 : 7년 이하 징역 또는 5천만원 이하 벌금	아동·청소년성착취물 '광고·소개' 추가 형량 : 3년 이상 징역
제4항	아동·청소년이용음란물 제작 알선 형량 : 3년 이상 징역	아동·청소년성착취물 행위와 형량은 동일
제5항	아동·청소년이용음란물임을 알면서 소지 형량 : 1년 이하 징역 또는 2천만원 이하 벌금	아동·청소년성착취물을 구입/알면서 소지·시청 형량 : 1년 이상 징역 ※ 2025. 4. 22. '알면서'도 삭제(즉, 구입, 소지, 시청을 하기만 하면 처벌)
제6항	제1항의 미수범은 처벌	전과 동일
제7항 (신설)	없음	상습적으로 제1항의 죄를 범한 자는 그 죄에 대하여 정하는 형의 2분의 1까지 가중한다.

이처럼 '아동·청소년이용음란물'에서 '아동·청소년성착취물'로의 용어 변경은 단순한 명칭 변경을 넘어, 우리 사회가 아동·청소년 대상 성범죄를 어떻게 인식하고 대응해야 하는지에 대한 중요한 패러다임적 전환이라 할 수도 있습니다. 물론 이와 같은 변화로도 충분하지 않다는 비판이 있을 수도 있죠. 그래도 이는 아동·청소년의 권리와 존엄성을 보호하기 위해서 법적으로도 사회적으로도 중요한 한 걸음이라 생각합니다.

4 (더 알아보기)
쉽고 편한 토렌트 공유방식이 법적 문제가 될 수도 있다고요?

토렌트 방식이란?

이 사건에서 A 씨는 토렌트 방식 프로그램을 사용하였습니다. 토렌트(Torrent)는 인터넷에서 파일을 주고받는 방식 중 하나예요. 특히 P2P(peer-to-peer, 개인과 개인) 방식이라고 해서, 중앙서버 한 곳에서만 파일을 받는 게 아니라 같은 파일을 가지고 있는 여러 사람들끼리 서로 조금씩 나눠서 주고받는 방식입니다.

예를 들어, 어떤 책을 10명이 갖고 있다면, 그 10명이 각자 가지고 있는 책을 페이지별로 복사해줘서 내가 빠르게 그 책을 한 권으로 완성할 수 있도록 도와주는 거죠. 빠르게 파일을 공유받을 수 있는 것이 장점입니다.

그런데 토렌트는 일반적으로 내가 어떤 파일 조각을 받으면, 그 즉시 다른 사람에게도 그 조각을 나눠주도록 프로그램이 설계돼 있습니다. 그렇게 해야 네트워크에 참여하는 사람들이 많아지고, 전체 속도가 빨라지거든요. 즉, 토렌트는 구조적으로 업로드를 전제로 돌아가는 시스템, 혼자 받기만 하면 속도가 안 나오니까 받는 동시에 받은 것을 나눠주도록 설계된 시스템이라고 이해하시면 됩니다.

이렇게 토렌트 자체는 기술적으로 중립적인 파일 공유 방식이지만, 문제는 저작권이 있는 파일이나 불법촬영물을 내려받을 때 발생합니다.

받기만 했는데, 내가 배포자라니요?

앞서 보았듯 토렌트는 퍼즐 조각을 나눠 맞추듯, 여러 사람과 동시에 파일을 주고받아 완성하는 방식입니다. 문제는 이 과정에서 나도 모르게 '퍼뜨리는 사람'이 될 수도 있기 때문에, 단순히 내려받았다는 수준을 넘어 불법 배포자로도 법적 책임을 질 수 있다는 점을 조심해야 합니다. 일반적인 영화, 드라마, 음악, 소프트웨어 등은 저작권이 보호되는 저작물입니다. P2P 특성상 다운로드와 동시에 업로드가 이뤄지므로 단순히 받는 행위가 아니라 '불법 공유 행위(배포)'까지 하게 될 위험이 있습니다. 우리나라 저작권법상 무단 복제·배포는 민형사상 책임을 지게 되죠. 그래서 토렌트 프로그램을 사용해서 단순히 다운을 받았다고 생각하더라도, 법적으로는 무단 배포나 유포자가 되어 민형사상 책임을 피할 수 없는 경우가 생깁니다. 저작권이 있는 파일은 저작권법 위반자, 성착취물인 경우에는 성착취물 배포자가 되어버릴 수 있기 때문에 프로그램 사용에 유의할 필요가 있습니다.

 **토론 거리**

이제 현행법은 각종 성착취물을 시청하기만 해도 처벌합니다. '그냥 보기만 한 건데 뭐가 문제야?' 어떻게 생각하면 틀린 말은 아닌 것도 같습니다. 내가 문제의 동영상을 만든 것도 아니잖아요? 하지만 누군가가 시청하는 순간 피해자는 또다시 자신의 고통이 반복되는 것처럼 느낄 수도 있습니다. 피해 사실이 온라인에 남아 있는 한, 보는 행위가 곧 피해의 연장이 되는 것이죠. 이러한 현행법과는 반대로 단순히 '본 사람'을 처벌까지 하는 것은 너무하다는 의견도 있습니다. 그렇다면 시청자 역시 피해자의 고통을 키우는 도덕적·법적 가해자로 볼 수 있을까요? 바로 그 점에 대해 함께 고민해 볼 필요가 있는 거 같습니다.

구분	논거
찬성 (시청자 =가해자)	• 재가해성 : CSAM은 성적 가해의 기록으로 유포·시청 때마다 피해자는 반복적 재피해를 겪으며, 이에 따라 신원노출·불안·치유 지연 등 지속적 피해를 겪는다는 기관·연구가 다수(NCMEC·미 법무부) • 단순 소지자·시청자도 시장 수요를 형성해 제작·유포를 촉진하므로 가해 연쇄의 일부. 커뮤니티·암거래를 존속시켜 피해를 반복 생산 • 미국 일부 판결에서도 파일의 소지나 유포 자체가 피해에 인과관계가 있고, 소지자도 배상 책임을 질 수 있다고 판결
반대 (가해자 개념의 과잉 확장)	• 시청과 직접 학대는 가해 정도·위험성이 질적으로 다르므로 동일한 "가해자" 범주로 묶으면 도덕적·법적 구분이 흐려짐 • 소지와 단순 시청은 다른 문제이므로 단순히 시청한 것만으로 처벌하는 것은 과대한 처벌임 • 우발적 노출·스팸·자동재생 등으로 보게 되는 경우도 있기에, 그런 경우까지 모두를 '가해자'로 낙인찍게 될 수도 있음

참고 판례

대법원 2023. 11. 16. 선고 2021도4265

아동·청소년 등이 일상적인 생활을 하면서 신체를 노출한 것일 뿐 적극적인 성적 행위를 한 것이 아니더라도 이를 몰래 촬영하는 방식 등으로 성적 대상화하였다면 이와 같은 행위를 표현한 영상 등은 아동·청소년이용음란물에 해당한다.

참고 법령

「아동·청소년의 성보호에 관한 법률」 제2조

4. "아동·청소년의 성을 사는 행위"란 아동·청소년, 아동·청소년의 성(性)을 사는 행위를 알선한 자 또는 아동·청소년을 실질적으로 보호·감독하는 자 등에게 금품이나 그 밖의 재산상 이익, 직무·편의제공 등 대가를 제공하거나 약속하고 다음 각 목의 어느 하나에 해당하는 행위를 아동·청소년을 대상으로 하거나 아동·청소년으로 하여금 하게 하는 것을 말한다.

   …

   다. 신체의 전부 또는 일부를 접촉·노출하는 행위로서 일반인의 성적 수치심이나 혐오감을 일으키는 행위

   …

5. "아동·청소년성착취물"이란 아동·청소년 또는 아동·청소년으로 명백하게 인식될 수 있는 사람이나 표현물이 등장하여 제4호 각 목의 어느 하나에 해당하는 행위를 하거나 그 밖의 성적 행위를 하는 내용을 표현하는 것으로서 필름·비디오물·게임물 또는 컴퓨터나 그 밖의 통신매체를 통한 화상·영상 등의 형태로 된 것을 말한다.

「아동·청소년의 성보호에 관한 법률」 제11조 제5항

⑤ 아동·청소년성착취물을 구입·소지 또는 시청한 자는 1년 이상의 유기징역에 처한다.

※ 개정 전 2020년 3월 기준 조항 : 아동·청소년이용음란물임을 알면서 이를 소지한 자는 1년 이하의 징역 또는 2천만원 이하의 벌금에 처한다.

TOPIC 04

#운전자 폭행죄 #운전 중 #가중처벌 #특별법

잠시 정차한 차의 운전자는 운전 중으로 봐야 할까요?

"운전자 폭행, 가중처벌되는 이유는 무엇일까요?"

오늘은 운전자 폭행에 관한 최신 판례를 말씀드려볼까 합니다.

1 사건 개요

이 사건은 A 씨가 화를 참지 못하고 차 안에 있는 운전자인 B 씨를 폭행한 사건입니다. A 씨는 버스정류장 부근에 서 있었는데 그 위치가 버스정류장 옆에 있는 ○○마트 주차장 진입로였습니다. ○○마트에 물건을 배송하러 온 트럭 기사 B 씨는 A 씨에게 마트 주차장 진입이 어려우니 비켜달라고 했습니다.

그 얘기가 기분 나쁘게 들린 A 씨는 B 씨와 말다툼을 하게 되었습니다. 화가 난 A 씨는 운전석 창문으로 손을 넣어 B 씨의 멱살을 잡아 몇 차례 흔들었고 B 씨는 약간의 상처를 입고 말았습니다.

즉, A 씨는 운전석에 있는 B 씨를 폭행하였고, 이에 「특정범죄 가중처벌 등에 관한 법률」(이하 「특정범죄가중법」) 제5조의10(운행 중인 자동차 운전자에 대한 폭행 등의 가중처벌)을 위반한 사실로 재판을 받게 되었습니다.

2 무엇이 문제일까요? - 관련 법률과 A 씨의 행동

문제의 핵심 : 운전 중인 운전자를 폭행

관련 법률

「특정범죄가중법」 제5조의10
(운행 중인 자동차 운전자에 대한 폭행 등의 가중처벌)

① 운행 중(「여객자동차 운수사업법」 제2조제3호에 따른 여객자동차운송사업을 위하여 사용되는 자동차를 운행하는 중 운전자가 여객의 승차·하차 등을 위하여 일시 정차한 경우를 포함한다)인 자동차의 운전자를 폭행하거나 협박한 사람은 5년 이하의 징역 또는 2천만원 이하의 벌금에 처한다.

② 제1항의 죄를 범하여 사람을 상해에 이르게 한 경우에는 3년 이상의 유기징역에 처하고, 사망에 이르게 한 경우에는 무기 또는 5년 이상의 징역에 처한다.

보통 사람이 사람을 때리면 형법상의 폭행죄나 상해죄가 문제가 됩니다. 하지만 이렇게 운전 중인 운전자를 폭행하면 더욱 가중처벌하는 법이 바로「특정범죄가중법」의 '운전자 폭행죄'입니다.

이 법은 일부 승객이 만취된 상태에서 대중교통의 운전자에게 폭력 또는 협박을 행사하는 일이 빈번히 발생하는 과정에서 만들어졌습니다. 특히 주행 중인 시내버스 운전자에 대한 폭행은 대형 교통사고를 유발할 수도 있음에도 시내버스 운전기사에 대한 폭행 사건이 근절되지 않아, 교통질서를 확립하고 시민의 안전을 도모하기 위해 이 법이 만들어졌습니다.

차는 움직이지 않았는데 '운전 중'이라니요?

이 사건 폭행 장소는 마트 주차장 외부 도로로 근처에 버스정류장이 있어 차량과 사람들의 통행이 많은 곳이었습니다. 이 장소에서 A 씨는 B 씨의 운전석 창문으로 손을 넣어, 운전석에 있는 B 씨의 멱살을 잡고 여러 번 흔들어서 다치게 한 것입니다.

해당 장소의 특수성으로 인해 A 씨가 B 씨를 폭행하게 될 경우 저항 과정 중 자동차가 구동되어 운전자뿐만 아니라 보행자의 안전까지 위협할 수 있었습니다. 이를 감안하여 재판부는 A 씨를 운전자 폭행죄로 가중처벌해야 한다고 판단했습니다. 주변에 사람들이 많이 다니기 때문에 자칫 잘못하면 다른 사람들의 안전마저 위협할 수 있었던 상황으로 본 것입니다.

3. 운전자 폭행죄 같은 특별법이 더 있나요?

같은 폭행이지만 상황에 따라 가중처벌 될 수 있다!

대표적으로 「응급의료에 관한 법률」, 「소방기본법」, 「항공보안법」에서 응급의료종사자에 대한 상해, 소방대원이나 119 구급대원에 대한 폭행, 항공기 승무원에 대한 폭행의 경우를 일반적인 폭행이나 상해에 비해서 가중처벌하도록 하고 있습니다. 하나씩 살펴볼까요?

「응급의료에 관한 법률」(응급의료종사자 폭행 등)

2019년 1월 15일 새로 생긴 「응급의료에 관한 법률」 제60조(벌칙) 제1항에 따르면, "응급의료종사자를 폭행하여 상해에 이르게 한 사람은 10년 이하의 징역 또는 1천만원 이상 1억원 이하의 벌금에 처하고, 중상해에 이르게 한 사람은 3년 이상의 유기징역, 사망에 이르게 한 사람은 무기 또는 5년 이상의 징역"에 처하도록 했습니다. 이는 국민의 생명이나 신체 보호를 위해서 응급실 의료 활동이 안정적으로 이루어질 필요가 있기 때문입니다.

원래 폭행 등으로 응급의료를 방해하면 5년 이하의 징역 또는 5천만원 이하의 벌금 대상이라는 규정은 존재하였어요. 하지만 응급진료 상황에서 주취자에 의한 폭행이 일어나는 일 등 응급의료종사자에 대한 폭행이 끊이지 않아 형이 대폭 강화되었습니다. 응급의료종사자를 폭행하여 상해, 중상해, 사망에 이르게 한 경우를 나누어 각각 가중처벌하도록 했습니다.

「소방기본법」(소방대원에 대한 폭행 등)

기존에 소방 출동한 소방대원에게 폭행 또는 협박을 행사해 화재진압, 인명구조 또는 구급활동을 방해하는 행위를 하면 5년 이하의 징역이나 3천만원 이하의 벌금에 처하는 규정이 있었습니다.

하지만 국민의 생명·신체·재산을 보호하는 소방활동의 공익성에 비추어볼 때 처벌이 충분하지 않다는 지적이 있었어요. 벌금형의 처벌 정도가 징역형에 비해 상대적으로 과소하다는 것이죠. 2018년 3월 27일 벌금 부분을 상향해 소방대원에 대한 폭행 등을 할 경우 5년 이하의 징역이나 5천만원 이하의 벌금에 처할 수 있도록 강화하였습니다.

「항공보안법」(항공기 내 폭행)

"항공기의 보안이나 운항을 저해하는 폭행, 협박 등을 하거나 출입문 조작 등을 함부로 하면 안 된다."라는 규정은 만들어진 지 오래되었습니다. 이러한 행위는 원래도 5년 이하의 징역 대상의 중범죄였습니다. 그럼에도 불구하고 기내폭행이 끊이지 않고 항공기에 위협을 가하는 행위가 지속되어 이에 대한 처벌도 강화되었습니다.

2017년 3월 21일 항공기 내 폭행에 대해 10년 이하의 징역 또는 1억원 이하의 벌금에 처하는 것으로 형량이 대폭 강화되었습니다. 만약 승객을 폭행하는 경우에도 5년 이하의 징역에 처하게 되었습니다. 그 밖에도 보안검색 요원의 업무를 방해하는 경우 등에는 5년 이하의 징역 또는 5천만원 이하의 벌금형으로, 운항 중인 항공기 내에서 소란행위를 하거나 술 또는 약물을 복용하고 다른 사람에게 위해를 주는 경우에는 3년 이하의 징역 또는 3천만원 이하의 징역으로 상향 조정하는 등 전반적인 벌칙을 강화하였습니다. 그만큼 항공기의 안전 운항은 중요하고, 자칫 잘못하면 대형 인명사고로 이어지는 것이기에 안전을 강조한 법 개정이라 하겠네요.

4 외국 사례로 알아보는 「가중처벌법」

미국의 경우 일부 주에서는 대중교통 운전기사를 폭행하는 행위를 중범죄(Felony)로 규정하여, 최대 7년 이상의 징역형까지 선고하기도 합니다. 주 법마다 차이가 있지만, 공공안전을 중시한다는 공통된 입장 덕분입니다.

영국 역시 버스나 택시 등 대중교통 운전자를 폭행할 경우 가중처벌이 가능하며, '도로 분노(road rage)'로 인한 폭력은 매우 엄중하게 다스립니다. 운전자 폭행은 단순 폭행과 달리 다른 도로 이용자까지 위험에 빠뜨릴 수 있다고 판단하기 때문입니다.

5 (더 알아보기) 그래서, 특별법은 필요할까요?

특별법, 필요한가 남발인가? 새로운 법의 제정과 개선 방향

현행 「형법」은 폭행죄나 상해죄에 대해 다루고 있습니다. 다만, 「특정범죄가중처벌법」을 통해 운전자 폭행죄를 별도로 처벌하고, 「응급의료에 관한 법률」로 응급의료종사자에 대한 상해를 가중처벌합니다. 또한, 「소방기본법」에서는 소방대원에 대한 폭행을 따로 처벌하고, 「항공보안법」에서는 항공기 승무원 등에 대한 폭행 역시 별도로 다룹니다.

이처럼 특정 상황이나 직업군에 대한 폭행이 별도의 특별법으로 규정되다 보니, 유사한 상황이 새로이 발생할 때마다 기존 법령을 활용하기보다는 또 다른 특별법을 만들어야 하는 번거로움이 생길 수 있습니다. 그 결과 "특별법이 너무 남발되는 것은 아닌가?"라는 비판이 제기되기도 합니다.

특별법 제정의 장·단점

특별법 제정의 가장 큰 장점은 사회 변화와 현재 상황을 더 정확하게 반영할 수 있다는 점입니다. 예를 들어, 운전자 폭행죄와 같은 경우 일반 폭행죄로는 충분히 규율하기 어려운 특수한 상황과 위험성을 고려하여 별도의 가중처벌 규정을 마련한 것입니다. 사회적으로 큰 문제가 된 사안의 경우, 그에 관한 특별법을 만들면 사람들에게 바로 이해도 되고, 무엇이 달라지는지 한눈에 알기도 쉽습니다. 그래서 특별법은 특정 영역에서의 법적 공백을 신속하게 메울 수 있고, 사회적으로 문제가 되는 행위에 대해 강력한 경각심을 줄 수 있다는 장점이 있습니다.

반면에 특별법을 남발하게 될 경우 문제점이 생길 수 있습니다. 바로 법체계의 복잡화와 혼란을 초래할 수 있다는 점입니다. 유사한 행위에 대해 여러 특별법이 중복 적용될 가능성이 있고,

이는 법적 안정성과 예측 가능성을 저해할 수 있습니다. 충분한 검토 없이 특별법들이 난립되면 헌법 질서를 어지럽히게 되고, 결국 그런 법 조항은 헌법재판소의 위헌 결정을 통해 없애야 하기 때문입니다.

이미 헌법재판소에서도 2003년경 「폭력행위 등 처벌에 관한 법률」의 일부 조항에 대해 위헌 결정을 하면서, "형사특별법은 형법전이 미처 범죄로 파악하지 못했던 신종 범죄의 신속한 규율이라든가 일정 영역에 있어서 보다 자세하고 구체적인 규정을 둘 필요성이 있는 경우에만 한정적으로 제정되는 것이 바람직하다. 그러나 우리나라의 경우 법률의 철저한 집행을 통하여 범죄를 억지하는 것이 아니라 중형을 규정한 법률의 제정을 국민들에게 홍보함으로써 위하(威嚇)를 통한 범죄의 억지를 꾀하고 있다는데 문제의 심각성이 있다. 이는 폭처법을 포함한 우리나라 대부분의 형사특별법이 일반법인 형법에 규정된 범죄의 형가중만을 내용으로 하고 있다는 데서 잘 드러나고 있다."라고 말하기까지 하였습니다(헌법재판소 2004. 12. 16 선고 2003헌가12 전원재판부).

그렇다면 이러한 상반된 시각 속에서, 우리가 새로운 법을 제정하고 기존 법을 개정해 나갈 때 어떠한 방향으로 할지 고민해야 할까요? 필요한 영역에서 실효성을 높이는 한편, 중복되고 복잡해진 법 체계를 어떻게 정비해야 할지 함께 생각해 볼 필요가 있습니다.

 **토론 거리**

- 특별법, 사회 변화에 필요한 정비일까요? 아니면 법 체계를 혼란스럽게 만드는 남발일까요?
- 어느 날 나에게 딱 1개의 특별법을 만들 수 있는 권한이 생긴다면 어떤 특별법을 만들고 싶은가요? 우리 사회에 어떤 특별법이 필요할까요?

참고 판례

대구고등법원 2023.7.13. 선고 2023노221 판결

피고인이 마트 주차장 진입로에 있는 버스정류장 부근에서 서 있다가 화물차를 운전하여 위 주차장에 진입하려는 피해자로부터 비켜달라는 얘기를 듣고 말다툼을 하다가 화가 나서, 운전석 창문으로 손을 넣어 피해자의 멱살을 잡아 수 회 흔들어 상해를 입게 함으로써 운전 중인 피해자를 폭행하여 상해에 이르게 하였다는 사실로 기소된 사안에서, 피고인이 피해자의 멱살을 잡아 수 회 흔들어 상해를 입게 할 당시 피해자가 '운행 중' 상태에 있었음이 인정되므로 위 공소사실을 유죄로 인정한 원심판결이 정당하다고 한 사례이다.

참고 법령

「특정범죄가중법」 제5조의10(운행 중인 자동차 운전자에 대한 폭행 등의 가중처벌)

① 운행 중(「여객자동차 운수사업법」 제2조제3호에 따른 여객자동차운송사업을 위하여 사용되는 자동차를 운행하는 중 운전자가 여객의 승차·하차 등을 위하여 일시 정차한 경우를 포함한다)인 자동차의 운전자를 폭행하거나 협박한 사람은 5년 이하의 징역 또는 2천만원 이하의 벌금에 처한다.

② 제1항의 죄를 범하여 사람을 상해에 이르게 한 경우에는 3년 이상의 유기징역에 처하고, 사망에 이르게 한 경우에는 무기 또는 5년 이상의 징역에 처한다.

TOPIC 05

#음주운전 #몰수 #압수 #재산권

음주운전을 하면 자동차마저 몰수될 수 있습니다.

"지속적인 음주운전, 자동차를 몰수당할 수 있습니다."

오늘은 '몰수'가 있었던 사건들을 한 번 볼까요.
몰수는 생소한 단어일지 몰라도, 사형이나 징역, 벌금처럼 엄연하게 우리 「형법」에 정식으로 규정된 형벌의 한 종류입니다. (「형법」 제41조 제9호).

'몰수'는 국가가 어떤 물건을 강제로 빼앗아 간다는 뜻인데, 판결문에서도 종종 볼 수 있는 표현입니다. 마약 사건에서 잘 보이기도 하는데, 간단하게 살펴 볼까요.

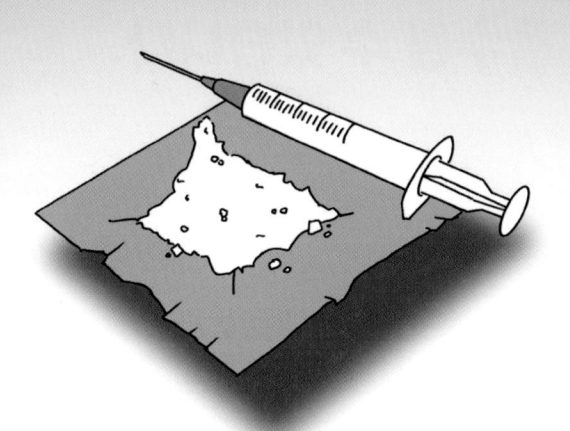

마약은 일반인의 소지 자체가 범죄입니다. 그래서 수사 단계에서 마약을 '압수'하여 임시로 빼앗고, 피고인이 유죄 판결을 받을 때, 그 마약을 '몰수'합니다. 국가가 피고인으로부터 마약의 소유권을 완전히 뺏는 거죠.

약이 아니더라도 범죄에 쓰인 물건은 같습니다. 어떤 사람이 식칼을 가지고 사람을 다치게 했다면, 그 식칼은 똑같이 압수 처분 후 판결로 '몰수'되기도 합니다. '범죄행위에 제공하였거나 제공하려고 한 물건'이니까요(「형법」 제48조 제1호).

그런데 요즘은 위와 같은 물건 말고도, 고급 승용차도 몰수 대상이 되는 추세입니다. 특히 음주운전을 하면 타고 있던 자동차를 몰수해서 국가가 가져가 버릴 수 있습니다. 2023년에 있었던 지방법원 판례 하나 소개해 드리겠습니다.

음주 전과도 많은 어떤 분이 의무보험도 없는 차를 운전하며, 안 좋은 운전 습관으로 사람들에게 피해를 입히고, 배상도 하지 않고, 교통법규 위반에 대한 과태료도 안 내고 다녔나 봅니다.
(왜 이러셨을까요;)

이 사건 판결에서, "피고인에게 경제적 고통이 가중된다는 사실적 불이익이 있긴 하지만, 이 사건 승용차를 운행하지 못하도록 할 현실적 필요성이 상당히 크다"라고 하며 해당 차량을 몰수했답니다.

어지간해서 고가의 자동차를 몰수까지 하는 일은 자주 일어나지 않지만, 비슷한 사안에서 차량이 몰수되는 판결이 최근 늘어나는 것 같네요. 자동차를 빼앗기는 만큼 확실한 충격을 주기 때문에 범죄 예방에 도움이 될 수는 있겠네요.

내 물건이 뺏긴다고 하면 너무 아깝지 않나요? 이와 유사하게 스마트폰으로 카메라 범죄를 하게 되면, 절차에 따라 스마트폰도 압수 및 몰수됩니다. 법도 지키고 내 물건도 지키면 좋겠습니다.

1 사건 개요

이번 에피소드는 점점 더 강화되고 있는 음주운전 처벌 및 몰수에 대한 이야기를 다뤄볼까 합니다. 정책적으로 차량을 압수하는 경우가 늘어나는 추세이고, 법원에서도 몰수 판결이 나오기도 하니까요.

술을 좋아하는 A 씨는 음주운전 전과도 아주 많았습니다. 화물차를 운행하였지만, 기본적인 차량 보험도 들어있지 않았죠. 평소 운전 습관도 좋지 않아서 사람들과 다툼도 많았어요. 다른 사람들에게 피해를 주고 배상을 하지 않는 것은 물론 과속 등의 과태료도 납부하지 않았던 것 같습니다.

당시 A 씨는 음주운전으로 징역 및 집행유예 판결을 받고 그 기간 중 또 음주운전으로 재판을 받게 되었어요. 음주 수치도 0.2를 넘는 아주 높은 수치였습니다. 법원은 이런 A 씨에게 결국 실형을 선고하면서, A 씨가 몰고 다니던 차량을 몰수해버렸습니다. 무책임하게 반복적으로 음주·무면허운전을 하였고, 이로써 도로교통의 위험성을 증가시켰다고 본 것입니다. A 씨는 과거에도 같은 차량을 몰면서 음주운전을 했었는데, 차량을 뺏지 않으면 재범의 위험성도 있다고 본 것이죠.

2 음주운전에 더욱 강경해지는 정책

과거 우리나라는 술에 관대한 문화였기 때문에 술자리에서의 실수는 사소하게 넘겨주는 풍습이 있기도 했습니다. 그러다 보니 음주운전 또한 상대적으로 유하게 처벌하기도 했습니다. 단순 음주운전으로 처음 구속된 사례가 나온 것은 1980년이라고 하니, 지금의 분위기와 비교해보면 많이 다르죠?

사실 음주운전을 엄벌해야 한다는 주장은 어제오늘의 이야기가 아닙니다. 지난 2000년 이후만 살펴보더라도 음주운전에 대한 처벌 수위는 계속 강화되었습니다. 다만, 차량 보급이 늘어나면서 차량사고가 늘어났고 자연스럽게 음주운전도 늘어났습니다. 사람이 많아지면 좋은 일도 많아지지만, 범죄가 늘어나는 것과 마찬가지죠. 모든 일에는 양면성이 있으니까요.

음주운전을 방지하기 위해 2001년경에는 '음주운전 3회 적발 시 2년간 면허 취득 금지 제도'를 처음 도입했습니다. 하지만 단순히 운전면허 취소를 강화한 것만으로는 음주운전을 막기엔 부족했습니다. 그 후로 혈중알코올농도 수준이나 위반 횟수에 따른 가중처벌 제도가 도입되면서 음주운전의 벌금형과 징역형이 무거워졌습니다. 예를 들면 음주운전 기준인 혈중알코올농도 기준을 0.05%에서 0.03%으로 하향조정하고, 음주측정을 거부할 시 처벌을 강화하였습니다. 뿐만 아니라 2023년 5월에는 유명 트로트 가수가 음주 뺑소니 사고를 일으킨 사건 이후, 추가로 차량 압수와 구속 수사, 몰수 구형까지 적극적으로 시행하였습니다.

특히 이른바 '술타기', 즉 운전 후 추가 음주 등으로 음주측정을 방해할 경우의 처벌이 신설되었고, 상습 재범자 차량에는 음주운전방지 장치를 의무화하는 등의 추가 대책도 나오고 있습니다.

> **관련 법률**
>
> 「도로교통법」 제44조 제5항(술에 취한 상태에서의 운전 금지)
>
> ⑤ 술에 취한 상태에 있다고 인정할 만한 상당한 이유가 있는 사람은 자동차 등, 노면전차 또는 자전거를 운전한 후 제2항 또는 제3항에 따른 측정을 곤란하게 할 목적으로 추가로 술을 마시거나 혈중알코올농도에 영향을 줄 수 있는 의약품 등 행정안전부령으로 정하는 물품을 사용하는 행위(이하 "음주측정방해행위"라 한다. 이하 같다)를 하여서는 아니 된다.
>
> 「도로교통법」 제80조의2 제1항(음주운전 방지장치 부착 조건부 운전면허)
>
> ① 제44조제1항, 제2항 또는 제5항을 위반(자동차등 또는 노면전차를 운전한 경우로 한정한다. 다만, 개인형 이동장치를 운전한 경우는 제외한다. 이하 같다)한 날부터 5년 이내에 다시 같은 조 제1항, 제2항 또는 제5항을 위반하여 운전면허 취소처분을 받은 사람이 자동차등을 운전하려는 경우에는 시·도경찰청장으로부터 음주운전 방지장치 부착 조건부 운전면허(이하 "조건부 운전면허"라 한다. 이하 같다)를 받아야 한다.

음주운전으로 인해 차량을 몰수한 사례는 다음과 같습니다.

- 2023년 7월, 경기 오산시에서 20대 운전자가 음주운전 뺑소니 사고로 4명의 사상자를 낸 사건에서, 사고 차량을 압수하였습니다.
- 서울경찰청은 상습 음주운전 차량을 집중 단속해 2024년에 총 41대를 압수했다고 발표하였습니다.

이렇게 법과 처벌이 강화되는데도 음주운전의 재범률은 줄어들지 않고 있습니다. 하지만 지금까지 추이를 보았을 때 앞으로도 음주운전에 대한 처벌은 더욱 강화될 수 있을 것으로 보입니다. 특히 최근의 법이 강화되는 부분을 보면 재범죄를 더욱 강력하게 처벌하겠다는 의지가 보입니다. 나를 위해서도, 가족과 이웃을 위해서도 음주운전은 하지 말아야겠습니다.

3   제 물건인데 나라가 막 가져갈 수 있나요?

몰수도 형벌인가요?

몰수도 사형이나 징역처럼 엄연히 형법에 규정된 우리나라의 정식 형벌의 한 종류입니다.

관련 법률   「형법」 제41조(형의 종류)

형의 종류는 다음과 같다.
1. 사형   2. 징역   3. 금고
4. 자격상실 5. 자격정지 6. 벌금
7. 구류   8. 과료   9. 몰수

몰수는 왜 하는 건가요?

몰수는 범죄와 관련된 물건을 국가가 강제로 빼앗아 가는 제도입니다. 쉽게 말해, 범죄에 사용된 도구나 범죄로 얻은 이익을 법원의 판결로 국가에 귀속시키는 것입니다. 예를 들어, 마약사범이 산 마약이나, 마약 거래로 얻은 돈을 국가가 가져가는 것이 몰수라고 보시면 됩니다. 범죄 도구를 없애 재범을 방지하고, 범죄로 얻은 부당한 이익을 환수하며, 사회에 위험한 물건(예) 마약, 불법 무기)을 제거하기 위함이라고 간단하게 설명할 수 있겠네요.

어떤 물건을 가져갈 수 있나요?

몰수에 대해 간단하게 설명하자면 크게 3종류로 구분할 수 있으며, 다음과 같습니다. 이 중 하나에 해당하면 몰수가 가능합니다.

범죄에 제공(사용)된 도구	범죄를 저지르는 데 사용된 물건 (예) 살인에 사용된 칼이나 모자, 음주운전에 사용된 자동차, 불법도박장에 사용된 불법게임기 등
범죄로 얻은 물건	범죄를 통해 직접 얻게 된 물건 (예) 사기로 얻은 돈, 마약거래를 통해 얻은 마약 등
앞선 2개 경우의 대가로 얻은 물건	범죄로 얻은 물건을 팔거나 바꿔서 얻은 물건 (예) 훔친 물건을 팔아 산 명품 가방, 밀수품을 팔아서 바꾼 달러 등

압수와는 다른가요?

관련 법률

「형사소송법」 제106조 제1항(압수)
① 법원은 필요한 때에는 피고사건과 관계가 있다고 인정할 수 있는 것에 한정하여 증거물 또는 몰수할 것으로 사료하는 물건을 압수할 수 있다. 단, 법률에 다른 규정이 있는 때에는 예외로 한다.

「형사소송법」 제133조 제1항(압수물의 환부, 가환부)
① 압수를 계속할 필요가 없다고 인정되는 압수물은 피고사건 종결 전이라도 결정으로 환부하여야 하고 증거에 공할 압수물은 소유자, 소지자, 보관자 또는 제출인의 청구에 의하여 가환부할 수 있다.

법에서 말하는 '압수'는 수사나 재판 과정에서 증거 확보 또는 몰수 여부를 판단하기 위해 물건을 임시로 보관하는 조치입니다. 이때까지 물건의 소유권은 원래 소유자에게 있고, 생활에 정말 필요한 물건이면 환부나 가환부 신청을 해서 돌려받거나, 임시로 사용할 수 있습니다(「형사소송법」 제215조, 제133조).

이에 비해 몰수는 법원의 판결에 따라 범죄에 사용된 물건의 소유권을 국가가 강제로 박탈하는 형사처벌로 최종적으로 소유권이 국가에 귀속됩니다. 몰수된 물건은 더 이상 내 물건이 아니란 거죠. 즉, 압수는 임시 보관(소유권 유지), 몰수는 소유권 박탈(국가 귀속)이라는 점이 가장 큰 차이입니다.

일상생활에서 누군가 무엇을 '압수한다!'라고 하는 경우 법률상 '몰수'와 동일한 느낌으로 사용하기도 하지만, 엄연히 법률적으로는 뜻이 다르답니다.

더 알아보기

차량 몰수, 재산권 침해인가?
사회 안전을 위한 불가피한 선택인가?

음주운전 차량 압수나 몰수는 범죄 예방과 재범 방지라는 공익적 목적 아래 시행되고 있습니다. 하지만 동시에 개인의 재산권을 박탈하는 조치이기도 하고, 특히 몰수는 너무 지나친 결정이 아니냐는 비판도 있습니다.

찬성하는 입장에서는 개인의 재산권보다는 사회의 공공의 안전과 범죄 예방이 우선이라는 입장입니다. 음주운전은 단순한 실수가 아니라 타인의 생명과 안전을 심각하게 위협하는 중대한 범죄이므로 강력한 처벌과 함께 범죄 도구(차량)를 박탈하는 조치는 사회 전체의 안전을 위한 불가피한 선택이라는 거죠. 또, 차량 몰수는 반복적인 음주운전 범죄를 억제하는 데 효과적이라고도 주장합니다.

반대하는 입장에서는 차량은 일반 범행 도구와 달리 고가의 재산이며, 생계 수단(예 화물차)일 수 있어 몰수는 헌법이 보장하는 재산권을 과도하게 침해할 소지가 있다는 비판이 큽니다. 생계형 운전자에게는 차량 몰수가 곧 생존권 박탈로 이어질 수 있다는 점에서, 처벌의 실효성과 사회적 비용에 대한 우려도 큽니다. 또 차량 소유자가 직접 운전하지 않은 경우도 있습니다. 가족 명의, 리스, 렌터카에는 동일한 범죄에 대해 처벌의 형평성이 맞지 않다는 지적도 가능합니다. 여러분은 어떻게 생각하시나요?

토론 거리

- 음주운전 차량 몰수, 사회 안전을 위한 불가피한 선택일까요, 아니면 과도한 재산권 침해일까요?
- 몰수 기준과 예외, 그리고 대체 처벌 방안에 대해 어떤 의견이 있으신가요?
- 예방 교육, 음주운전 방지 장치 등 다른 대안 정책은 어떻게 보완되어야 할까요?

참고 판례

춘천지방법원 속초지원 2023. 6. 21. 선고 2023고단187

피고인은 혈중알코올농도 0.076% 상태로 음주운전 중 정차 차량을 들이받아 상해 및 차량 손해를 발생시켰다. 과거 음주운전과 교통사고 전과가 있음에도 재범하였고, 의무보험에도 가입하지 않은 채 운전하였기에, 법원은 징역 1년 6월에 집행유예 3년, 보호관찰 및 사회봉사·준법운전강의 명령을 선고하였다. 또한 재범 위험성과 사회적 유해성을 고려해 차량(제네시스 쿠페)을 몰수하였다. 반복된 법규 위반과 무책임한 운전 행태가 양형 및 몰수 판단에 주요하게 작용하였다.

대구지방법원 2022. 9. 23. 선고 2022재노43

음주운전이 초래하는 사고의 위험성과 그로 인한 불특정다수인에 대한 무고한 피해 발생 가능성을 고려하면 음주운전을 엄단할 필요성이 매우 크다. 피고인은 이미 음주운전으로 형사처벌을 받은 전력이 4회 있음에도 이 사건 음주운전 및 무면허운전을 잇달아 하였고, 음주측정을 거부하기도 하였다. 이 사건 각 혈중알코올농도의 수치(0.156% 및 0.147%)도 상당히 높다. 음주운전으로 적발되어 수사 또는 재판을 받고 있는 와중에도 다시 여러 차례에 걸쳐, 의무보험조차 가입되어 있지 아니한 차량을 음주 또는 무면허 상태에서 운전하였고, 교통사고를 야기하고도 도주하는가 하면, 음주측정을 거부하기도 하였다는 점에서 죄책이 무겁다.

참고 법령

「형법」 제48조(몰수의 대상과 추징)

① 범인 외의 자의 소유에 속하지 아니하거나 범죄 후 범인 외의 자가 사정을 알면서 취득한 다음 각 호의 물건은 전부 또는 일부를 몰수할 수 있다.
  1. 범죄행위에 제공하였거나 제공하려고 한 물건
  2. 범죄행위로 인하여 생겼거나 취득한 물건
  3. 제1호 또는 제2호의 대가로 취득한 물건
② 제1항 각 호의 물건을 몰수할 수 없을 때에는 그 가액(價額)을 추징한다.

TOPIC 06

#정식재판청구 #약식기소 #정식기소 #약식명령

억울한 벌금 내지 않을 방법이 있습니다.

"정식재판청구, 7일 이내에 신청하세요."

오늘은 정식재판청구라는 절차에 대해 알아볼까 합니다. 살다 보면 억울하게 벌금을 받게 되는 경우가 있기도 하더라구요. 이런 경우 무죄를 주장해 봐야죠!

정식재판청구를 거친 사건의 예를 들어보면 첫 번째로
술에 취한 분들이 서로 싸우고 있어서 이러시면 안 된다고
두 사람을 말렸는데,

그중 한 사람이 "저 두사람이 짜고 나를 때렸어요!"라고
고소를 하게 되어 억울하게 폭행죄로 벌금을 받게 되는 경우가
있었습니다.

두 번째는 공용 온풍기를 잠시 개인적으로 사용해도 된다는 허락을 받았는데, 이를 모르는 사람이 절도 혐의로 신고를 한 사건이었습니다. 수사 과정에서 이 사실을 제대로 밝히지 못했지만, 재판에서는 무죄 판결을 받을 수 있었던 사례가 떠오르네요.

자세하게 알아볼까요, 이 법은 「형사소송법」 제453조(정식재판의 청구) 제1항에서 볼 수 있으며 피고인은 약식명령의 고지를 받은 날로부터 7일 이내에 정식재판의 청구를 할 수 있습니다.

만약 7일(받은 날 빼고)을 지나서 신청하면 효력이 없으니 주의해야 합니다. 날짜 계산하는 법은, 7일이니까 요일로 생각하면 편합니다. 수요일에 받았으면 제출기한은 수요일까지! 쉽죠?

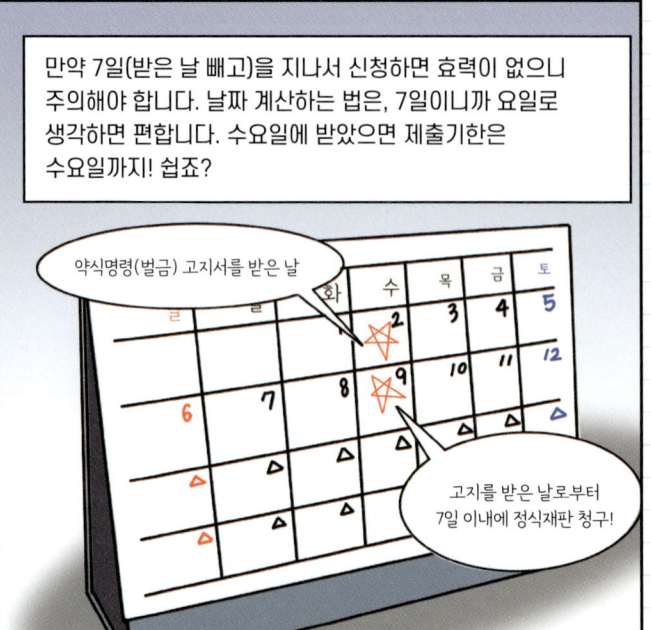

억울함을 풀어줄 수 있는 정식재판청구!
좋은 제도지만 꼭 알아야 할 게 하나 더 있습니다.
그건 TOPIC 7에 이어서 이야기 드릴게요!

1 사건 개요

이번 토픽은 정식재판청구라는 제도에 대한 소개입니다. 다음 토픽에서는 정식재판청구의 내용이 어떻게 변화하고 있는지를 이야기해 볼게요.

첫 번째 사례에서 A 씨는 B 씨와 C 씨가 싸우는 것을 말리고 있었습니다. 세 명 다 술을 마신 상황이었죠. 그런데 시간이 지나서 C 씨는 B 씨를 폭행혐의로 고소했는데, 싸움을 말리고 있었던 A 씨까지 고소했습니다. A와 B 씨 두 사람이 함께 자기를 때렸다고 말이죠. A 씨는 폭행죄로 벌금을 받게 되었고, 이러한 사실이 억울하여 정식재판을 청구하게 된 사례입니다. 의외로 이런 상황은 사건을 맡다 보면 법정에서 종종 보게 되는 것 같습니다.

또 다른 사례에서 D 씨는 공용으로 쓰고 있던 온풍기를 개인적으로 쓸 수 있도록 허락을 받았던 것으로 보입니다. 그런데 그 사실을 모르던 E 씨가 D 씨를 절도죄로 고소해버렸고 결국 D 씨는 절도죄로 벌금형을 받았죠. 이 사실이 억울한 D 씨는 정식재판을 청구했고 결국 무죄를 받았던 사안입니다.

2 정식재판청구 제도란?

> **관련 법률** 「형사소송법」 제453조(정식재판의 청구)
> ① 검사 또는 피고인은 약식명령의 고지를 받은 날로부터 7일 이내에 정식재판의 청구를 할 수 있다.
> ② 정식재판의 청구는 약식명령을 한 법원에 서면으로 제출하여야 한다.

'정식재판청구' 제도는 '헌법상 보장된 재판청구권을 형사절차에서 구체화한 것'입니다. 약식절차는 신속하고 경제적이지만 피고인의 방어권 보장이 상대적으로 약하기 때문에, 정식재판청구를 통해 충분한 방어 기회를 보장하는 것은 매우 중요합니다.

중대한 범죄의 경우 징역형을 받게 되지만, 비교적 경미한 범죄의 경우에는 벌금형을 받게 됩니다. 우선 벌금형이 어떻게 부과되는지 그 과정을 간단하게 설명드리겠습니다.

3 벌금형이 부과되는 과정

사건의 발생과 수사 시작

범죄행위가 발생하면 경찰이나 검찰에서 수사를 진행합니다. "저보고 ×× 혐의로 경찰에서 오라고 전화가 왔어요. ○월 ○일 ○시에 무슨 경찰서 수사 △△팀으로 나오라고 하는데 어떡하죠?"라고 상담 문의를 하게 되면 보통 이 단계죠. 수사기관인 경찰은 증거를 수집하고 피의자를 조사한 후, 혐의가 인정되면 검찰에 사건을 송치하거나 검찰이 직접 수사를 진행합니다. 경찰에서 만약 혐의가 없다고 판단하면 불송치결정을 내립니다.

내가 고소를 한 사람이라도 절차는 비슷합니다. 고소장을 경찰서에 제출하면 보통 며칠 안에 담당 수사관이 배정이 되고, 그로부터 또 며칠 안에 '고소인 조사'를 하기 위해서 경찰서에 언제 올 수 있느냐는 일정 조율을 위한 전화를 받게 되는 게 일반적입니다. 그러면 그때 경찰서에 출석해서 "내가 언제 누구에게 어떠한 피해를 입게 되었다." 등의 사실관계를 진술하면 됩니다. 사진이나 핸드폰 문자 등 증거가 있다면 챙겨가시구요. 혼자서 하기 힘들다면 피해자 변호사를 선임해서 함께 하시면 됩니다. 특히 다수의 사기나 경제 범죄 같은 경우 혼자서 고소를 진행하시면 수사관도 힘들어하고 본인도 답답해하는 경우를 많이 봤습니다. 사전에 변호사 상담이라도 받고 가시는 것을 추천합니다.

검찰의 처분 과정

검사는 수사 결과를 바탕으로 '기소(형사소송을 시작)' 여부를 결정합니다. 하지만 비교적 경미한 범죄의 경우, 검사는 다음과 같은 방식으로 처리할 수 있습니다. 크게 약식기소와 정식기소로 간단하게 살펴볼 수 있어요.

약식기소	검사는 벌금이나 과료, 몰수 같은 상대적으로 가벼운 형벌이 적당하다고 판단하는 경우 공판(재판)절차 없이 약식명령을 청구할 수 있으며, 이를 '약식기소'라고 함
정식기소	검사가 벌금형으로는 충분하지 않거나 사안이 복잡하여 공판절차가 필요하다 판단하는 경우 정식으로 기소하여 공판절차를 통해 재판을 진행함

법원의 판단 과정

약식기소된 사건에 대해 법원은 서면심리만으로 약식명령을 발령합니다. 피고인은 약식명령서를 통해 벌금형을 고지받게 되며, 일정 금액의 벌금을 납부하라는 정식 문서를 받게 됩니다. 약식명령을 받은 후 7일 이내에 불복하지 않으면 약식명령은 확정되고 벌금을 납부하게 됩니다.

정식기소된 사건은 법정에서 공판절차를 통해 심리됩니다. 증인신문, 증거조사 등 정식 재판절차를 거쳐 판결이 선고됩니다. 우리가 보통 생각하고, 일반적으로 뉴스를 통해 알고 있는 재판 절차가 이렇게 진행되는 거죠.

약식명령을 신청했다고 해서 그걸로 끝이 아닐 수도?!

검사가 벌금형을 신청했더라도, 약식명령 사건을 검토한 판사는 해당 사건을 일반 재판절차로 사건을 넘겨버릴 수 있습니다.

> **관련 법률**
> 「형사소송법」 제450조(보통의 심판)
> 약식명령의 청구가 있는 경우에 그 사건이 약식명령으로 할 수 없거나 약식명령으로 하는 것이 적당하지 아니하다고 인정한 때에는 공판절차에 의하여 심판하여야 한다.

얼핏 보면 검사나 피고인이 신청할 수 있는 정식재판청구와는 비슷하지만, 판사가 직권으로 재판으로 회부한다는 시점에서 다른 절차죠. 검사가 약식명령을 청구한 사건을 정식재판에 회부하는 경우는 크게 두 가지로 생각해볼 수 있습니다. 하나는 피고인이 무죄를 다투고 있는 사건이라 그에 대한 심층적 심리가 필요하다고 판단하는 경우, 다른 하나는 사건 내용이 벌금을 선고하기에는 (적어도 검사가 신청한 벌금액수보다는) 중대하다고 판단하는 경우입니다. 하지만 사안마다 달라서 판결 결과 반드시 벌금이 올라가지는 않아요. 그래도 만약 후자의 경우라면, 피해자 입장에서는 한 줄기 빛 같은 순간이 되고, 피고인은 청천벽력같은 이야기가 될 수밖에 없습니다.

4 정식재판청구 신청

누가 신청을 할 수 있나요?

검사와 피고인 둘 다 할 수 있습니다. 하지만 실무상 검사가 신청하는 경우는 많지 않은 것 같고, 피고인이 신청하는 경우가 대부분입니다. 검사가 만약 정식 재판을 염두해 두었다면 바로 정식기소를 했지, 굳이 스스로 한 약식기소를 뒤집고, 이에 불복해서 정식재판신청을 하는 것은 너무 번거롭고 불필요한 일이니까요.

하지만 검사는 법의 적정한 집행을 구하는 공익의 대표자입니다. 약식명령의 결과가 검사의 의견과 달리 너무 가볍게 나올 수도 있고, 때로는 피고인에게 지나치게 무거운 형이 나올 수도 있습니다. 그런 경우 검사에게 법원의 판단에 대해 이의를 제기할 수 있는 권한이 필요하죠. 이것이 정식재판청구권으로 보장되는 겁니다.

보통 실무상 검사는 법령과 관행에 맞춰 적정한 의견을 제시하고, 법원은 사건을 잘 판단하고 검사의 의견을 존중해서 약식명령을 내립니다. 그래서 검사가 굳이 다툴 일이 많지 않죠.

며칠 안에 해야 하나요?

법에 나와 있듯이 7일 이내에 해야 합니다. 우편으로 결과를 받게 되는데, 받은 날을 빼고(초일불산입의 원칙) 7일입니다. 만약 수요일에 우편을 받았다면 다음 주 수요일까지 해당 법원에 서류 제출이 되어야 하는 거죠.

정식재판청구 하면 벌금 안 내도 되나요?

약식명령은 정식재판의 청구에 의한 판결이 있는 때에는 그 효력을 잃습니다(「형사소송법」 제456조). 정식재판청구를 하여 아직 재판 중일 때는 벌금형 역시 아직 확정된 것이 아니기 때문에 그 재판이 확정되기 전까지는 벌금을 안 낼 수도 있습니다.

그래서 피해자가 있어서 합의한 후에 벌금형을 감형받고자 하는 분들이나 당장은 벌금을 낼 여력이 안 되는 분들은 정식재판청구를 해서 벌금 납부 자체를 늦게 할 수도 있습니다.

정식재판청구를 했는데도 벌금을 내라고 하던데요?

원칙적으로 정식재판청구를 하면 벌금의 효력을 잃는 것이 맞습니다. 하지만 경우에 따라 벌금을 '가납'하라는 명령이 단서로 붙는 경우가 있어요. 가납이란 벌금형의 확정 전이라도 '실효성 있는 집행을 담보하기 위해, 피고인의 경제적 상황, 도망·은닉의 우려 등을 고려해 제도적으로 벌금 상당 금액을 확보하는 장치'입니다. 이 경우 피고인에게는 안타깝지만 지금 당장은 벌금을 내야 하는 의무가 생깁니다. 나중에 판결로 벌금형을 감형받거나, 무죄가 나오게 된다 하더라도 일단은 납부를 해야 하는 거죠. 이런 가납 명령을 무시하면 강제집행이나 각종 불이익을 받을 수 있으니, 우선 납부를 한 다음에 절차적으로 다툴 것은 다투는 것이 타당하겠습다[「형사소송법」 제334조(재산형의 가납판결)].

참고 판례

대전지방법원 2020. 4. 17. 선고 2018고정898 판결

형사재판에서 유죄 판단은 합리적 의심을 배제할 수 있을 정도로 증거가 명백해야 한다. 본 사건에서 주요 증거인 D와 E의 진술은 신빙성이 부족하며, 그 외 검찰이 제출한 증거만으로는 공소사실이 충분히 입증되지 못했다. 따라서 법원은 피고인의 이익으로 무죄를 선고하였다.

제주지방법원 2024. 6. 27. 선고 2022고정542 판결

형사소송에서 유죄 입증책임은 검사에게 있으며, 합리적 의심이 없을 정도로 증명해야 한다. 이 사건의 온풍기는 여러 임차인이 자율적으로 사용하고 관리하도록 허용된 상태였기 때문에 피고인의 절도 고의나 불법영득의사가 충분히 입증되지 않았다. 따라서 법원은 무죄를 선고하였다.

참고 법령

「대한민국헌법」 제27조 제1항

① 모든 국민은 헌법과 법률이 정한 법관에 의하여 법률에 의한 재판을 받을 권리를 가진다.

「형사소송법」 제66조 제1항(기간의 계산)

① 기간의 계산에 관하여는 시(時)로 계산하는 것은 즉시(卽時)부터 기산하고 일(日), 월(月) 또는 연(年)으로 계산하는 것은 초일을 산입하지 아니한다. 다만, 시효(時效)와 구속기간의 초일은 시간을 계산하지 아니하고 1일로 산정한다.

「형사소송법」 제448조 제1항(약식명령을 할 수 있는 사건)

① 지방법원은 그 관할에 속한 사건에 대하여 검사의 청구가 있는 때에는 공판절차 없이 약식명령으로 피고인을 벌금, 과료 또는 몰수에 처할 수 있다.

「형사소송법」 제453조(정식재판의 청구)

① 검사 또는 피고인은 약식명령의 고지를 받은 날로부터 7일 이내에 정식재판의 청구를 할 수 있다. 단, 피고인은 정식재판의 청구를 포기할 수 없다.
② 정식재판의 청구는 약식명령을 한 법원에 서면으로 제출하여야 한다.

「형사소송법」 제456조(약식명령의 실효)

약식명령은 정식재판의 청구에 의한 판결이 있는 때에는 그 효력을 잃는다.

TOPIC 07

#정식재판청구 #형종 상향의 금지 #불이익변경의 금지

무분별한 정식재판청구는 벌금을 늘릴 수 있습니다.

> "정식재판청구, 남발하다가는 오히려 벌금이 올라갈 수 있습니다."

TOPIC 6에서 정식재판청구제도는 벌금을 받게 되었을 때 나의 억울함을 재판을 통해 해결해볼 수 있는 제도라고 말씀드렸습니다! 「형사소송법」 제453조에서 해당 절차를 확인해 볼 수 있었습니다.

정식재판을 신청 후에 재판을 통해 만약 무죄를 받게 되면!!
「형사소송법」제456조에 따라, 벌금 명령은 그 효력을 잃게 됩니다!

무죄입니다!

아이고 감사합니다~

하지만 정식재판을 신청한다고 무조건 무죄를 받게 되는 것은 아닙니다. 법원에서 보기에 유죄가 명백한 폭행죄 사건이고 CCTV에 피고인이 사람을 때리는 모습이 확실히 찍혔다거나 하는 경우에는 무죄가 나올 수가 없죠.

하지만 몇 년 전부터 정식재판을 청구하더라도 명백한 사건에서 피고인이 계속 부인하거나 반성을 하지 않으면 벌금이 올라갈 수 있게 법이 바뀌었습니다. (막무가내로 주장하시다가 벌금 올라간 분들이 생각보다 많아요...)

다만 아무리 피고인이 미워도 '벌금'은 올릴 수 있지만, '벌금형'을 '징역형'으로 올려버릴 수는 없어요. 이걸 법률 용어로 '형종 상향 금지 원칙'이라고도 합니다. 형의 종류를 올리면 안 된다는 뜻입니다(「형사소송법」 제457조의2).

1 정식재판청구 제도

정식재판청구 제도는 약식명령에 불복하여 통상의 공판절차에 따른 재판을 청구하는 제도라고 말씀드렸습니다. 약식명령은 검사가 벌금, 과료 또는 몰수의 형에 처할 것을 청구하는 경우에 법원이 공판절차 없이 서면심리만으로 형을 부과하는 간이재판절차입니다. 이러한 약식명령에 대해 검사나 피고인이 불복할 경우 정식재판을 청구할 수 있습니다(「형사소송법」 제453조 제1항).

약식절차는 신속하고 경제적이죠. 하지만 간이한 만큼 피고인의 방어권 보장에는 상대적으로 약한 단점이 있기도 합니다. 서면심리만으로 결론을 내거든요. 수사 단계에서 증거 제출이 충분치 않았던 경우도 있습니다. 그래서 정식재판청구 제도는 이런 약식절차의 단점을 보완하는 제도로써 피고인의 재판청구권을 보장하고 방어권을 충실히 행사할 수 있도록 하는 중요한 제도입니다. 이를 통해 약식절차의 효율성과 피고인의 권리 보장이라는 두 가지 가치를 조화롭게 실현할 수 있죠.

하지만 실무상 정식재판청구의 신청이 너무 많아지게 되는 것도 문제라면 문제였습니다. 과거에는 정식재판청구를 하더라도 벌금이 올라가지 않았어요. 그런데 재판은 보통 1년이 걸리니 정식재판청구를 하기만 하면 일단 벌금을 1년 늦게 내는 효과가 있기도 했기 때문입니다. 벌금을 미루고 싶으면 정식재판청구가 필수였고, 그래서 일부 언론에서는 이를 들어 '묻지마 재판청구'라고 부를 만큼 비판이 심각하기도 했습니다.

2 이제 정식재판청구를 하면 벌금이 올라갈 수 있다구요?

2017년 「형사소송법」 개정

검사, 피고인이 정식재판을 청구할 수 있다고 말씀드렸죠? 그 중 피고인이 정식재판을 청구한 사건에 대해서는 2017년 12월 19일 벌금이 올라갈 수 있게 법이 개정되었습니다. 벌금이 더 이상 올라가지 않기 때문에 '밑져야 본전'이라는 생각으로 정식재판 청구를 남발한다는 비판이 많았기 때문입니다. 그 전까지만 해도 정식재판을 받으면 판사의 재량으로 벌금형을 감형받을 수는 있지만 올라갈 수는 없도록 법이 막았으므로 피고인 입장에서는 굳이 재판 신청을 안 할 이유가 없었습니다.

물론 예전에도 피고인에게 형사소송비용을 부담시킬 수는 있었기 때문에, 만약 소송비용을 부담하라는 판결을 받게 되면 실질적으로 벌금이 늘어나는 효과는 있었습니다. 하지만 실무상 형사소송비용까지 피고인에게 청구하는 경우는 매우 드물었습니다.

> **「형사소송법」 제457조의2(불이익변경의 금지)**
> 피고인이 정식재판을 청구한 사건에 대하여는 약식명령의 형보다 중한 형을 선고하지 못한다.
>
> ↓
>
> **「형사소송법」 제457조의2(형종 상향의 금지 등)**
> ① 피고인이 정식재판을 청구한 사건에 대하여는 약식명령의 형보다 중한 종류의 형을 선고하지 못한다.
> ② 피고인이 정식재판을 청구한 사건에 대하여 약식명령의 형보다 중한 형을 선고하는 경우에는 판결서에 양형의 이유를 적어야 한다.

벌금형을 징역형으로 올리지는 못해요! 형종 상향의 금지 원칙

과거에는 같은 법이지만, '제457조의2(불이익변경의 금지) 피고인이 정식재판을 청구한 사건에 대하여는 약식명령의 형보다 중한 형을 선고하지 못한다.'라고 되어 있었답니다. 지금 법과 비교해서 어떻게 달라졌는지 보이죠?

과거에는 '약식명령의 형보다 중한 형을 선고하지 못한다.'라고 되었었지만, 지금은 '약식명령의 형보다 중한 종류의 형을 선고하지 못한다.'로 변경되었습니다. 형의 종류, 즉 벌금형에서 징역형으로 바꾸는 것은 불가능하지만 같은 벌금형 내에서 벌금 액수가 올라가는 것은 가능하게 된 것이죠.

그런 이유로 요즘에는 피고인이 정식재판을 청구해서 진행되는 사건이더라도 원래 벌금 500만원에서 700만원, 700만원에서 900만원으로 벌금의 액수가 올라가는 경우가 종종 보입니다. 그래서 요즘 변호인은 피고인에게 정식재판청구를 과거처럼 무조건 해보시라고 권하지는 않습니다. 사건의 성격과 피고인이 어떻게 대응했는지를 따져봅니다. 그에 따라 형이 올라갈 수도 있는 경우가 보이니까요.

다만, 법은 '피고인이' 정식재판을 청구한 사건에 대하여는 약식명령의 형보다 중한 종류의 형을 선고하지 못한다고 했죠. 그 말은 피고인이 아닌 '검사'가 정식재판을 청구한 경우에는 징역형도 가능하다는 말이 되니 참고하면 좋겠습니다. 그래도 실무상 검사가 신청한 약식명령을 검사가 다시 정식재판으로 청구하는 경우가 흔치는 않다고 하겠습니다.

3 정식재판청구의 미래 방향 제안

정식재판청구 기간이 너무 짧지 않은가?

　현행법상 약식명령 고지를 받은 날로부터 7일 이내에 정식재판을 청구해야 합니다. 이 기간이 피고인의 권리 보장을 위해 충분한지, 혹은 연장할 필요가 있는 지에 대해 논의할 수 있습니다. 보통 형사소송의 항소나 상고기간은 정식재판청구와 똑같이 7일입니다. 하지만 민사소송은 항소나 상고기간이 14일로 그 기간이 차이가 납니다. 형사소송은 형벌이나 전과기록에 대한 재판으로, 개인 간의 다툼이 대부분인 민사소송에 비해서 엄중함이 크다고 볼 수도 있습니다. 그런데 이를 다툴 시간이 너무 짧지 않은가 하는 비판이 있을 수 있습니다.

정식재판청구서 제출 방식의 현대화

　현행법상 정식재판청구는 서면으로 제출해야 합니다(「약식절차에서의 전자문서 이용 등에 관한 규칙」 제7조). 전자소송 시대에 맞게 정식재판청구 방식을 전자적 방식으로 확대할 필요가 있는지도 논의할 수 있습니다.

　놀랍게도 2025년 9월을 기준으로, 우리나라 형사소송은 아직까지도 종이로 이루어집니다. 민사재판의 전자소송이 이루어진 것이 2010년경인 걸 생각해보면 형사소송의 전자화가 너무 늦게 진행되는 것은 아닌가 싶기도 합니다. 그래서 법정에서 보면, 검사가 철끈으로 묶인 증거 서류들을 카트에 담아와서 손으로 제출하고, 판사는 이를 골무 낀 손으로 한 장씩 넘겨서 확인하죠. 우리 변호사도 증거 서류를 검토하기 위해서는 검찰이나 법원에 가서 서류를 한 장씩 넘기면서 복사해야 합니다. 기록이 수천 장일지라도 전부 복사해야 합니다. 피해자가 많은 사건이나 사실관계가 복잡하고 증거 서류가 많은 사건들은 사건 분석도 일이지만 사실 어떻게 보면 복사가 제일 큰일입니다. 가끔 21세기에 이게 무슨 일인가 싶기도 하답니다.

조만간 형사재판도 전자화가 이루어진다고 하는데요. 다만, 민사재판처럼 모든 기록을 다 볼 수 있는 건 아니라는 말과 그래도 지금보다는 편해질 거라는 말이 있어 혼란스럽습니다. 어쩌다 보니 변호사 업무에 대한 하소연이 되어버렸네요. 법정의 현실을 참고로 보아주세요?!

토론 거리

이제는 사건에 따라 정식재판청구 후 벌금형을 감형받을 수도 있으나, 오히려 벌금이 오를 수도 있습니다. 만약 벌금을 더 내야 한다면 이 제도는 피고인의 방어권을 충분히 보장한다고 볼 수 있을까요?

참고 판례

대법원 2022. 9. 29.선고 2022도8474 판결

제1심 판결 중 2020고정221 사건 부분은 피고인만이 정식재판을 청구한 사건인데도 약식명령의 벌금형보다 중한 종류인 징역형을 선택한 후 위와 같이 선고하였으므로, 여기에 「형사소송법」 제457조의2 제1항에서 정한 '형종 상향 금지의 원칙'을 위반한 잘못이 있다. 그런데도 원심은 위와 같이 제1심 판결을 유지하였으므로, 원심판결에는 「형사소송법」 제457조의2제1항을 위반하여 판결에 영향을 미친 잘못이 있다.

참고 법령

「형사소송법」 제453조 제1항(정식재판의 청구)

① 검사 또는 피고인은 약식명령의 고지를 받은 날로부터 7일 이내에 정식재판의 청구를 할 수 있다. 단, 피고인은 정식재판의 청구를 포기할 수 없다.

「형사소송법」 제368조(불이익변경의 금지)

피고인이 항소한 사건과 피고인을 위하여 항소한 사건에 대해서는 원심판결의 형보다 무거운 형을 선고할 수 없다.

「형사소송법」 제457조의2(형종 상향의 금지 등)

① 피고인이 정식재판을 청구한 사건에 대하여는 약식명령의 형보다 중한 종류의 형을 선고하지 못한다.
② 피고인이 정식재판을 청구한 사건에 대하여 약식명령의 형보다 중한 형을 선고하는 경우에는 판결서에 양형의 이유를 적어야 한다.

「약식절차에서의 전자문서 이용 등에 관한 규칙」 제7조(정식재판청구)

「형사소송법」 제453조에 따른 약식명령에 대한 정식재판의 청구는 종이문서로 법원에 제출하여야 한다.

PART 03

이제는
피해자 변호사 입니다.

prologue

'이제는 피해자 변호사입니다.' 조금은 생소하게 들릴지 모르지만, 이 한 문장으로 이번 파트의 문을 엽니다.

변호사는 법을 다루는 사람입니다. 법은 우리 삶의 거의 모든 영역에 걸쳐 있습니다. 같은 경우에는 같게, 다른 경우에는 다르게 적용되어야 하죠. 그런데 세상을 형사법의 관점에서 '가해자'와 '피해자'로 나누어 본다면, 변호사라는 직업은 전통적으로 '가해자'와 더 친숙했습니다. 국가는 가해자를 형법으로 처벌하되, 가해자라는 개인이 과도하게 처벌받지 않도록 변호사가 돕는 역할을 해왔기 때문입니다. 또한 형법은 피해자를 도와주기 위해 생긴 것이 아니라, 법을 어긴 사람을 처벌하기 위한 도구이기에 변호사는 가해자와 더 밀접할 수밖에 없었습니다.

그러나 과거에도 '피해자 변호사'라는 개념이 전혀 없었던 것은 아닙니다. 다만 당시의 법과 제도 안에서는 지금과 같은 역할을 하기 어려웠습니다. 정해진 제도 아래에서는 피해자를 위해 해줄 수 있는 것이 많지 않았고, 아무리 변호사라 하더라도 법을 넘어서서 도움을 주는 것은 불가능하니까요.

하지만 이제 법은 피해자도 돌아보기 시작했습니다. 우리 사회는 가해자 처벌만으로는 충분하지 않다는 사실을 점차 깨닫고 있습니다. 사회 전체적인 시선에서 보면, 피해자를 보호하고 일상으로의 회복을 돕는 일이 가해자 처벌만큼이나 중요합니다. 피해자를 지원하는 제도는 아직 아쉬운 부분도 많이 보여서 갈 길은 멀지만, 그래도 현장에서 일을 하다보면 피해자 관련 법과 제도가 나아지고 있다는 게 체감되기도 합니다. 참으로 다행스러운 일이죠.

우리 제도는 오랫동안 가해자 처벌의 공정성을 최우선 과제로 삼아 발전해 왔고, 그 토대는 지금도 중요합니다. 그러나 가해자를 공정하게 형사 처벌한다고 해서, 이것이 곧바로 피해자의 회복으로 이어지지는 않습니다. 피해자가 범죄 피해에서 완전히 벗어나 일상으로 돌아가기 위해서는 제도 설계부터 치료·심리 지원·배상과 각종 행정 지원까지 세심하게 연결된 과정이 필요합니다. 피해자 변호사는 이러한 제도 내에서 범죄피해자를 돕습니다. 사건 고소 지원에서부터 진술·조사·증거 제출·공판·합의 등은 물론 재판이 마무리될 때까지 피해자 곁을 지킵니다.

이 파트에서는 그런 피해자 변호사의 이야기를 해보겠습니다. TOPIC 1에서는 피해자 변호사의 존재, TOPIC 2에서는 피해자 국선변호사 제도의 발전 과정, TOPIC 3에서는 피해자 국선변호사 사건 사례, TOPIC 4에서는 피해자 변호사 제도의 개선 방안을 다룹니다.

우리 사회는 '가해자의 처벌과 그 방어권 보장'뿐만 아니라, '피해자 회복과 권리 보장'도 함께 나아가고 있습니다. 오랫동안 전자에 초점을 두었다면, 지금은 후자에 더 큰 힘을 실어야 할 필요가 있습니다. 그래야만 비로소 법이 추구하는 정의와 실질적 평등이 이뤄질 수 있을 테니까요.

TOPIC 01

#피해자 변호사 #변호인 #범죄피해자 #2차피해

피해자에게도 변호사가 필요합니다.

"피해자 국선변호사 제도의 시작과 남겨진 과제"

오늘은 형사 재판에서의 '피해자'와 그 피해자를 도와주는 변호사에 대한 이야기를 할까 합니다. 일단, '피해자 변호사', 또는 '피해자 국선변호사'라는 말은 들어보셨나요? 만약 가해자를 변호하면 '변호인'이라는 익숙한 한 단어면 충분한데요.

하지만 피해자는 그렇지 않습니다. 우리나라 헌법에도 피해자에 대한 규정이 없진 않지만, 피고인처럼 형사재판에서 '당사자'가 아니라, 단순한 금전적 구조대상자로 보는 것이 현재 헌법상 한계입니다. 그것도 생명, 신체에 대한 피해를 받은 국민에 한정되어 있구요.

(「대한민국헌법」 제30조)

이러한 한계점은 우리나라 헌법이 만들어진지 약 40년이 지났기 때문이기도 합니다. 당시 우리나라는 국민이 국가라는 거대한 권력으로 인해 피해를 입는 일이 적지 않았던 시기입니다. 그래서 국가로부터 국민이 잘못된 형사재판을 받지 않도록, '피고인의 방어권'에 초점이 맞추어져 있었습니다.

이에 반해 범죄의 피해자는 1970년대 혹은 1990년대까지도, 범죄를 저지른 피고인을 처벌하기 위한 '증인', 심지어 '수사자료'로 보는 인식이 국제적으로도 널리 퍼져 있던 시기입니다. 그래도 우리나라 헌법은 피해자를 '구조대상자', 즉 사람이라 인식은 해줬지만, 피고인처럼 변호사의 법률적 조력이 필요하다고까지는 생각하지 못한 것이죠.

「대한민국헌법」에는 제30조 외에, 제27조 제5항에 형사 피해자에 대한 조항이 더 있긴 합니다. 하지만 이 역시 피해자가 재판의 당사자가 아니라, '법이 정해주면 재판에서 이야기를 할 수 있다'는 정도입니다.

실제 1988년의 형사소송법에 따르면 피해자가 재판상 진술을 하려면 직접 신청서를 제출하고, 재판장의 허가를 받아야 했습니다. 힘들게 재판정에 나가더라도 피해자의 지위는 '증인'이기에, 경우에 따라 피고인 변호인의 신랄한 반대신문을 받기도 했습니다.

하지만 2000년대에 들어서 몇몇 큰 사건을 겪고, 우리나라에도 '피해자와 관련한 법과 제도의 개선이 필요하다.', '피해자에게도 법률적 조력이 필요하다.'는 사회적 공감이 생기기 시작했습니다. 자세한 이야기는 다음에 이어서 하겠습니다.

1 합의서 앞에서 우는 아이

이번에는 실제 사례를 바탕으로 조금 수정한 사례를 말씀드리려고 합니다. 금요일 저녁, 퇴근 준비를 하던 중 갑자기 맡고 있던 사건의 피해자 학생에게 전화가 왔습니다. 그 아이는 가까운 친족에게 성폭력을 당해 집을 나와 성폭력 피해자를 위한 쉼터에서 생활하고 있던, 고등학교 여학생이었습니다.

"엄마가 갑자기 찾아와서 막 화를 내면서 빨리 합의서를 쓰라고 해요. (가해자의) 변호사가 무조건 당장 합의해야 하는 사건이라고 그런다고… 알았다고 했는데 어떡해요? 지금 검찰 민원실에 서류 내러 왔다가 화장실에서 잠깐 전화했어요."

울면서 떨리는 목소리로 전화하는 아이를 진정시키고, 재빨리 검찰 민원실로 달려가서 상황을 막은 적이 있습니다. 다행이 센스 있고 친절한 검찰 민원실 창구 직원분의 도움도 크게 받았습니다. 안타깝게도 이 사건은 피해 학생의 가족뿐만 아니라 친척들까지 모두 가해자의 편이었습니다. 그렇기에 그 어떤 가족도 피해 학생에게 전혀 도움이 되지 않았습니다. 어떤 동성 친족은 "니가 죽을 힘을 다해서 피했어야지!"라며 오히려 피해자가 잘못했다는 식으로 질책하기도 했거든요. 그래서 학교 선생님들이나 친구의 어머니께 많은 도움을 받으며 어렵게 생활하고 있었습니다. 최초 신고도 친구의 도움을 받아서 했구요. 가끔 정말 가족과 친척이 남보다 못한 경우도 있습니다.

그 당시 저는 해당 사건의 피해자 국선변호사로 선임되었습니다. 워낙 안타까운 상황이었기 때문에 여러 번 연락하면서 수사 절차, 재판 진행 등에 대해 안내하고, 합의서의 중요성도 이야기해 주었죠. 그래서 피해 학생도 합의서만큼은 제출하기 싫어하였음에도 가족들은 막무가내였습니다.

'내가 저 학생의 피해자 국선변호사로 뻔히 있는 걸 알면서도 이러다니…!' 정말 화가 나더라구요. 저라도 없었으면 어떻게 되었을까 상상하고 싶지 않습니다. 그 후 피해자가 겪은 이런 부당한 과정과 상황을 의견서로 정리하여 검사와 재판부에 제출했고, 결국 가해자가 엄벌을 받았던 사건입니다.

2 변호사, 피해자의 편에도 필요합니다.

상대적으로 미약한 피해자 변호사의 존재

이번에는 형사재판에서의 피해자와 그 피해자를 도와주는 변호사 이야기를 드릴까 합니다. 혹시 '피해자 변호사' 또는 '피해자 국선변호사'라는 말을 들어보신 적이 있나요?

아마 들어본 적이 있는 분도 계실 것이고, 생소한 분도 계실 겁니다. 아직은 우리 사회에서 피해자를 위한 변호사는 어색한 느낌을 지울 수 없는 것이 현실입니다. 용어 자체만 봐도 그래요. 가해자를 변호하는 변호사는 한 마디로 '변호인'이라 부릅니다. 같은 단어로 영화도 만들어졌고, 이 단어는 무려 1948년에 만들어진 우리나라 제헌헌법에서도 등장합니다.

하지만 피해자를 돕는 쪽은 굳이 '피해자'라는 단어를 앞에 붙여야 하죠. '변호사'라는 호칭은 직업을 뜻하는 단어이므로, 그 자체로 어떤 일을 하는 변호사인지 알 수가 없습니다. 이름이 길다는 사실부터가 아직 우리 제도 속에서 피해자의 법적 권리가 충분히 자리 잡지 못했음을 보여 준다고 생각해 아쉬운 부분입니다. '피해자 변호사'는 '변호인'과 달리 우리 헌법에 명시적으로 존재하지도 않습니다.

'피해자 변호사'와 '피해자 국선변호사'

피해자 변호사	• 피해자를 대신하여 피해자가 행사할 수 있는 각종 법정 권리를 행사하는 사람 • 형사절차에서 범죄피해자를 대리해 권리 보호·의견 진술·증거 조사 촉구 등을 담당하며 피해자의 안전과 회복을 지원하는 변호사 • 강력범죄나 성범죄를 비롯하여 사기 등 피해자가 있는 모든 범죄 영역에서 활동 가능 • 피해자 국선변호사가 포함되는 개념
피해자 국선변호사	• 국가에서 피해자를 위하여 무상으로 선정하여 주는 피해자 변호사 • 형사절차에서 범죄피해자의 권리 보호, 의견 진술, 증거 조사 촉구 등을 지원하는 공공 서비스 변호사 • 현행법상 모든 범죄 영역에서 지원하지는 못하고 성폭력·아동학대·장애인학대·인신매매·스토킹 등 일부 범죄 영역의 피해자에 한정

3 '피해자 변호사' 제도가 늦게 만들어진 이유
-'변호인(가해자)' 중심의 현행 헌법 구조

형사재판에서 변호사의 고전적 역할은 가해자, 즉 피고인의 방어를 돕는 일입니다. 왜 그럴까요? 재판은 기본적으로 공격과 방어로 이루어지는 구조입니다. 형사재판에서 공격하는 것은 검사이고, 검사는 법률 전문가입니다. 게다가 검사는 형사소송을 전업으로 하는 국가기관에 소속되어 있습니다. 하지만 방어를 해야 하는 피고인은 법률 전문가도 아니고 일개 개인에 불과하죠. 그래서 무기대등의 원칙상 피고인에게도 최소한의 법률 전문가가 필요한데 그것이 바로 '변호인'입니다.

결국 형사재판을 받기 위해서는 법률 전문가의 조력이 필수적이라는 이야기가 됩니다. 그래서 「대한민국헌법」 제12조 제4항은 "형사피고인이 스스로 변호인을 구할 수 없을 때에는 국가가 변호인을 붙인다."라고 못 박았습니다. 이렇게 헌법상 명시적 권리로 규정된 것은, 과거 국가권력으로부터 부당하게 범죄자로 몰려 피해를 입은 국민이 너무 많았고, 국민을 보호해야 한다는 시대적 요구가 강력했기 때문입니다.

이처럼 일반 피고인에 대한 '국선 변호인' 제도는 그 역사가 상당히 오래되었습니다. 우리나라 헌법 또는 형사소송법의 역사와 함께 해왔다고 보면 됩니다. 하지만 피해자 변호사 제도는 아직도 생소하죠. TOPIC 2에서 말씀드리겠지만 피해자를 조력하는 피해자 국선변호사 제도는 비교적 최근에야 시행되기 시작했습니다.

4. 피해자는 왜 늘 주변에 머물러야 했을까?

> **관련 법률**　　「대한민국헌법」 제27조 제1항
> ① 모든 국민은 헌법과 법률이 정한 법관에 의하여 법률에 의한 재판을 받을 권리를 가진다.

　　법률 전문가의 조력이 필수적인 형사재판에서 피해자는 크게 주목받지 못했습니다. 헌법에 피해자라는 단어가 아예 없는 것은 아니지만, 헌법상 부여된 권리가 사뭇 다릅니다. 제30조에서는 '타인의 범죄행위로 생명·신체 피해를 입은 국민은 국가로부터 구조를 받을 권리'를 언급하고, 제27조 제5항은 '법률이 정하는 바에 따라 형사재판에서 진술할 수 있다'고만 합니다. 즉, 헌법을 만들 때 피해자는 '구조의 대상'이나 '참고인'으로 설계되었지, 재판의 당사자 또는 권리주체가 되지 못했던 것입니다. 헌법을 만들 당시(1987년)만 해도 시민들은 '국가가 나를 부당하게 탄압하지 못하도록 하는 장치'인 헌법에 관심이 많았습니다. 자연히 형사재판과 관련된 법과 제도는 국민들이 막강한 국가의 권력 아래 부당하게 재판을 받지 않도록 하는 데 집중될 수밖에 없었죠.

　　국제사회의 분위기도 크게 다르지 않았습니다. 20세기 후반까지 피해자는 '범죄 입증을 위한 증거제공자' 내지 심지어 가해자를 처벌하기 위한 하나의 '수사자료'로 간주되곤 했습니다. 우리나라 역시 1990년대까지는 유사한 시각이 지배적이었습니다. 피해자가 법정에서 정식으로 자신의 목소리를 내는 것은 절차적으로도 매우 힘들었습니다. 피해자가 법정에서 자신의 피

해 사실을 말하려면 직접 진술허가신청서를 내고, 재판부 허가를 받아 증언대에 서야 했습니다. 그 자리에서 피고인 측 변호인이 가혹한 반대신문으로 '진짜 피해자인가?', '피해자가 없는 사실을 말하거나 지나치게 과장해서 말하는 것은 아닌가?' 등의 내용을 따져 묻는 일도 흔했죠. 이때는 '2차피해'라는 개념조차 정립되지 않은 시절이었기에 힘들게 나간 재판정에서 피해자는 다시 상처를 받을 수밖에 없었습니다.

1980년대 미국·유럽 학계에서 '2차피해(secondary victimization)'라는 용어가 도입되고, 1985년 UN 「범죄피해자 기본원칙 선언」이 채택되면서 '국가가 피해자를 다시 다치게 해서는 안 된다'는 인식이 비로소 국제 규범으로 논의되기 시작했습니다. 그러나 1990년대 후반까지 피해자가 증언대에서 눈물을 흘려도 '감정 과잉'으로 평가하곤 했습니다. 피해자를 온전한 권리 주체로 인정하고 2차피해 방지 의무를 명문화한 법·제도가 자리 잡은 것은 2000년대 이후에야 가능했습니다.

토론 거리

- 현재 피해자 국선변호사의 지원 범위는 성폭력·아동학대·장애인학대·인신매매·스토킹 등 특정 범죄에 한정되어 있습니다. 사기·폭행 등 다른 범죄피해자도 동등한 법률 지원을 받을 수 있도록 피해자 국선변호사의 지원 범위를 확대해야 할까요?
- 피고인의 변호권은 헌법상 권리로 보장되지만, 피해자의 변호권은 명문화되어 있지 않습니다. 헌법 개정을 통해 피해자의 권리로 격상시키는 것이 타당할까요? 만약 그렇다면 어디까지 보장하는 것이 좋을까요?

참고 법령

「대한민국헌법」 제12조 제4항

④ 누구든지 체포 또는 구속을 당한 때에는 즉시 변호인의 조력을 받을 권리를 가진다. 다만, 형사피고인이 스스로 변호인을 구할 수 없을 때에는 법률이 정하는 바에 의하여 국가가 변호인을 붙인다.

「대한민국헌법」 제27조 제5항

⑤ 형사피해자는 법률이 정하는 바에 의하여 당해 사건의 재판절차에서 진술할 수 있다.

「대한민국헌법」 제30조

타인의 범죄행위로 인하여 생명·신체에 대한 피해를 받은 국민은 법률이 정하는 바에 의하여 국가로부터 구조를 받을 수 있다.

「범죄피해자 보호법」 제8조(형사절차 참여 보장 등)

① 국가는 범죄피해자가 해당 사건과 관련하여 수사담당자와 상담하거나 재판절차에 참여하여 진술하는 등 형사절차상의 권리를 행사할 수 있도록 보장하여야 한다.
② 국가는 범죄피해자가 요청하면 가해자에 대한 수사 결과, 공판기일, 재판 결과, 형 집행 및 보호관찰 집행 상황 등 형사절차 관련 정보를 대통령령으로 정하는 바에 따라 제공할 수 있다.

「여성폭력방지기본법」 제3조(정의)

3. "2차피해"란 여성폭력 피해자(이하 "피해자"라 한다)가 다음 각 목의 어느 하나에 해당하는 피해를 입는 것을 말한다.
   가. 수사·재판·보호·진료·언론보도 등 여성폭력 사건처리 및 회복의 전 과정에서 입는 정신적·신체적·경제적 피해
   나. 집단 따돌림, 폭행 또는 폭언, 그 밖에 정신적·신체적 손상을 가져오는 행위로 인한 피해(정보통신망을 이용한 행위로 인한 피해를 포함한다)
   다. 사용자(사업주 또는 사업경영담당자, 그 밖에 사업주를 위하여 근로자에 관한 사항에 대한 업무를 수행하는 자를 말한다)로부터 폭력 피해 신고 등을 이유로 입은 다음 어느 하나에 해당하는 불이익조치

TOPIC 02

#범죄피해자보호법 #2차피해 #피해자 국선변호사

피해자의 권리에
관심을 가져야 할 때입니다.

"범죄피해자의 권리, 어떻게 지킬 수 있을까?"

지난 화에서는 기존의 피해자 관련 제도의 한계에 대해 이야기 했습니다. 이번 화에서는 우리나라 피해자 지원 제도가 어떻게 변화해 왔는지, 현행 '피해자 국선변호사' 제도 등에 대해 이야기 해보겠습니다.

2003년 2월, 우리 국민 모두를 큰 충격과 슬픔에 빠뜨린 사건, 바로 '대구 지하철 방화 참사'인데요. 한 사람이 지하철에 불을 질러 무려 300명이 넘는 사상자를 낸 참혹한 사건이었습니다.

너무나 많은 피해자가 발생한 이 사건은 명백한 대형 범죄였고, 사회적 충격이 컸던 만큼 범죄피해자에 대한 관심과 지원을 요구하는 목소리가 높아졌습니다. 그 결과, 범죄피해자와 그 가족들을 보다 체계적으로 지원하기 위해 2005년 「범죄피해자보호법」이 제정되었습니다.

「범죄피해자보호법」은 피해자의 실질적인 권리 보장을 위한 의미 있는 출발점이었습니다. 1987년 헌법에서 피해자에게 '구조받을 권리'만 인정했으나, 약 18년 만에 보다 발전적인 방향으로 변화한 것입니다.

하지만 법이 제정되었다고 해서 피해자 지원이 곧바로 충분히 이루어진 것은 아닙니다. 특히 성범죄 피해 아동·청소년의 경우 법의 존재조차 제대로 알지 못해 실질적인 도움을 받기가 어려웠습니다. 이는 형사재판에서 헌법상 국선변호인의 도움을 확실히 보장받는 가해자(피고인)의 상황과 대비될 수밖에 없었습니다.

이에 2012년, 「아동·청소년의 성보호에 관한 법률」이 개정되면서 성범죄 피해를 당한 아동·청소년 피해자에게 법률적 지원을 해줄 수 있는 '피해자 국선변호사' 제도가 처음으로 도입되었습니다. 비록 아동·청소년 성범죄피해자라는 한정된 범위였지만, 피해자의 법적 권리를 보장하기 위한 중요한 첫 걸음이었다고 할 수 있어요.

이후 피해자 국선변호사 제도는 꾸준히 발전하고 확대되어 왔습니다. 2013년에는 모든 성범죄피해자로 지원 대상이 확대되었고, 2014년에는 아동학대 사건 피해자까지 포함되었습니다. 최근에는 장애인 학대, 인신매매, 스토킹범죄 등으로도 지원 범위가 점차 넓어지고 있습니다.

피해자 국선변호사 제도는 시행된 지 이제 겨우 10여년 된 신생 제도입니다. 그래서 아직 다소간에 부족함은 있을 수밖에 없습니다. 하지만 세계적인 추세로 보아 앞으로 피해자의 권리를 더욱 적극적으로 보장하는 방향으로 제도가 발전해 나갈 것으로 보입니다.

다음 화에서는 현재 피해자 국선변호사가 실제로 어떤 업무를 하고 있는지, 또 피해자분들은 어떻게 도움을 받을 수 있는지를 보다 쉽게 이해하실 수 있도록 구체적인 사례를 통해 보여드려볼게요!

1. 대구지하철 참사로 시작된 「범죄피해자보호법」

2003년 2월 18일 오전 약 10시경 어떤 사람이 대구 지하철 객실 안에 가연성 물질을 뿌리고 불을 지른 사건이 있었습니다. 이 사건은 그 자체만으로도 엄청난 방화 범죄였지만, 불에 잘 타는 좌석, 기관사 및 지하철 운영 기관의 미흡한 대처, 각종 소화 시설의 불충분 등 수많은 요인이 겹쳐 결국 사상자가 340명에 이르는 대형 참사가 되고 말았습니다.

이 참사로 인해 「재난 및 안전관리 기본법」, 「철도안전법」이 만들어졌고, 모든 열차 내 소화 시설 등을 갖추도록 「도시철도법」이나 「소방시설법」이 개정되었으며, 범죄피해자에 대한 보호·지원을 위하여 「범죄피해자보호법」이 만들어졌습니다. 「범죄피해자보호법」에서는 범죄피해자에 대해 금전적인 배상을 넘어서 피해자의 '형사절차 참여'를 보장하고 있어 피해자의 권리를 좀 더 보강하였다고 평가받고 있습니다.

2. 2005년에 도입된 범죄피해자 권리

관련 법률 「범죄피해자보호법」 제8조(형사절차 참여보장 등)

국가는 범죄피해자가 당해 사건과 관련하여 수사담당자와 상담하거나 재판절차에 참여하여 진술하는 등 형사절차상의 권리를 행사할 수 있도록 보장하여야 하며, 범죄피해자의 요청이 있는 경우에는 가해자에 대한 수사결과, 공판기일, 재판결과, 형 집행 및 보호관찰 집행 상황 등 형사절차 관련 정보를 대통령령에서 정하는 바에 따라 제공할 수 있다.

※ 개정 전 2005년 기준

그 전까지는 피해자의 권리가 주로 금전적 보상권(구조금)에 맞추어져 있었다면, 2005년에 만들어진 「범죄피해자보호법」은 피해자의 법적 권리를 '생활, 심리, 법률, 정보, 신변 보호'까지 확대하여 피해자가 종합 권리 주체가 될 수 있도록 하였습니다. 특히 수사 및 재판 정보 통지를 받도록 하여 2007년 「형사소송법」의 대대적인 개정을 이끌어 냈다고 보기도 합니다.

「범죄피해자보호법」에서 보장되기 시작한 피해자의 권리는 2007년 「형사소송법」의 개정을 통해 이어졌습니다. 「범죄피해자보호법」 하나만 만든다고 우리 사회의 모든 영역에서 피해자 권리가 단숨에 보장되는 것은 아니거든요. 형사재판에서 실질적으로 피해자의 권리가 보장되려면, 「형사소송법」을 바꿔야 하기에 관련된 법의 개정도 약 2년의 시간이 지나 이루어졌어요.

당시에 개정된 「형사소송법」의 대략적인 내용은 다음과 같습니다.

"알 권리+기록 접근" 세트 신설	통지권·열람·등사권을 한꺼번에 도입해, 피해자가 수사·공판 과정 전반을 실시간 확인·대응할 길을 열어줌
취약 피해자 보호 장치 법제화	재판 과정에 피해자의 신뢰관계자 동석 가능, 비디오/가림 신문을 사법·수사 단계 모두에 명문화 → 피해자의 심리적 2차피해 최소화
비공개 심리·정보 차단 조항	성폭력·스토킹 등 사생활 노출 우려 사건에서 법원의 '결정'으로 공개 범위 제한 가능
불기소 견제 수단 보강	재정신청 대상·절차를 완화해 피해자가 검찰 불기소 처분에 실질적 불복할 통로 확장

3. 계속되는 2차피해와 피해자 국선변호사 제도

다수의 관련 법이 제정되면서 전과 달리 범죄피해자의 권리가 많이 향상된 것처럼 보였습니다. 그러나 피해자가 실제로 그 법의 혜택을 누리는 것은 별개의 일이었습니다.

2000년대 밀양 여중생 집단 성폭행 사건, 광주인화학교 성폭행 사건, 조두순 사건 등의 사건들이 연이어 일어났고 수사 및 재판 과정에서 피해자들이 겪은 2차피해가 공개되면서 피해자의 권리가 여전히 열악함이 드러났습니다. 특히 아동을 대상으로 하였기에 전국민적 공분을 일으켰죠. 이러한 사건들의 2차피해를 정리하면 다음과 같습니다.

밀양 여중생 성폭행 사건	• 수사 과정에서 가해자를 직접 대면하게 함 • '유혹했냐?' 혹은 '너희가 밀양 물 다 흐려놨다.' 등의 피해자 비난 • 가해자 가족과의 접촉 방치 등
광주인화학교 성폭행 사건	• 피해자들에게 약 10년 가까이 법률 지원 부재 • 복직한 가해자와 같은 공간에서 생활
조두순 사건	• 항문이 파열되어 입원 치료 중인 아이를 무리하게 출석시켜 조사 • 차량 이용 등 편의 제공 미흡 • 영상녹화 기기 조작 미숙으로 3차례 반복된 진술 녹화로 아이에게 피해 상황을 계속 떠올리게 함

해당 사건들은 피해 아동이 수사나 재판 과정에서 불편을 겪지 않도록 하는 제도의 추가 개정뿐만 아니라 피해자를 도울 수 있는 법률 전문가가 사건 발생 초기 즉, 적시에 있어야 한다는 논의를 일으켰습니다. 이로 인해 2012년 피해자 국선변호사 제도가 아동·청소년 범죄피해자를 대상으로 처음 시작되었습니다.

처음에는 아동·청소년 대상 성범죄만 피해자 국선변호사의 도움을 받을 수 있었지만, 점차 성인을 포함한 성범죄 전반의 피해자로 확장되었고, 그 이후로도 아동학대, 장애인학대, 인신매매, 스토킹범죄에까지 적용 대상이 확대되고 있습니다. 그 외 살인 등 특정강력범죄의 피해자에게도 적용하자는 개정안이 제출되기는 했지만 2025년 9월을 기준으로 아직까지 통과되지는 못하고 있습니다. 하지만 이후로도 피해자 국선변호사 제도의 적용 범위는 넓어질 것으로 생각됩니다.

(더 알아보기)
같은 참사였다면, 같은 제도였을까?

사건의 특수성인가, 시대의 성숙인가?

그간의 피해자 관련 법·제도의 변화와 그 흐름을 살펴보면, 처음부터 우리 사회가 '조금 더 빨리 바뀔 수는 없었을까?'라는 아쉬운 질문을 던지게 됩니다. 그때와 지금은 무엇이 달랐을까요? '대구 지하철 방화 참사' 이후 법과 제도는 어떻게 변했을까요? 동시에 그 무렵 우리 사회의 배경 자체가 이전과 달라졌던 것은 아닌지 생각해 봅니다. 즉, 사건의 특수성뿐만 아니라, 같은 사고라고 할지라도 시기적으로 10년 전이나 20년 전에 발생했다면 과연 같은 흐름으로 이어졌을까요?

1990년대 초반까지는 군부독재를 종식시키고 민주 사회를 만드는 것이 너무나 절실했습니다. 그래서 피해자와 관련된 것은 상대적으로 뒷전으로 밀려날 수밖에 없었습니다. 부당한 국가권력과 맞서는 문제가 명시적이고 시급했기에, 개인의 피해는 사소한 것으로 여겨 피해자가 목소리를 내었더라도 들리지 않았을 것입니다. 이와중에 90년대 중반에 들어서 IMF 사태가 발생했습니다. 이로 인해 많은 사람들의 직장과 생계가 위협받는 등 우리 사회는 엄청난 경제문제에 봉착했습니다. 이런 상황이니 범죄피해자의 권리를 보장해야 한다는 논의는 상대적으로 중요하게 느껴지지 않았을 것입니다. 2000년대에 들어서 우리 사회가 가지고 있던 큰 숙제가 하나씩 해결이 되니, 이제야 피해자를 돌아볼 여유를 가지게 되었던 것입니다.

2003년, 곧 2000년대 초반의 한국 사회를 떠올려 보면 다음과 같은 특징이 보입니다. 우선 국가적으로는 군부독재가 종식된 지 10여 년이 지나 민주화가 공고화되는 과정에 있었고, 정치적으로는 대통령 직선제 이후 민주 정부가 출범했으며 평화적으로 정권 교체도 이루어냈습니다. 사회적으로는 외환위기(IMF)를 막 벗어난 시기였고, 문화·미디어 측면에서는 인터넷의 전국적 보급으로 정보 접근성과 표현 수단이 획기적으로 확대되었습니다. 또 2002년 성공적으로 월드컵도 개최하고 세계적인 성적까지 내면서 그즈음 우리는 인식이나 법과 제도도 세계 수준으로 맞추어야 한다는 생각을 하게 되었습니다.

관리의 시대에서 권리의 시대로

사실 1990년대의 한국 사회에서 대형 사고는 주로 '원인 규명 – 책임 추궁'이라는 재난·행정의 언어로 다뤄졌습니다. 피해자를 절차의 당사자로 보장하는 논의는 미약했고, 보상·배상은 논의했더라도 사건 처리 과정 전반에서 피해자의 정보 접근, 진술·참여, 보호를 체계적으로 담보하는 제도는 부족했습니다. 사회적 상상력과 제도적 준비가 충분하지 않았던 것입니다.

2000년대 초반에 들어서고, 민주주의가 제법 무르익기 시작하며 '국가-국민'이라는 거대 구도가 조금씩 '개인의 권리', '개인 대 개인'으로 미세화되기 시작했고, 외환위기 이후 안전망과 회복에 대한 감수성이 높아졌습니다. 무엇보다 인터넷 보급으로 공론장의 진입 장벽이 낮아지면서, 피해자와 유가족의 목소리가 언론과 온라인을 통해 빠르게 확산·연결·기록될 수 있었습니다. 사건은 더 이상 일회성 뉴스가 아니라, 기억되고 추적되는 과정이 되었고, 그 과정 자체가 제도 개선의 압력으로 작용했던 것으로도 보입니다.

이 지점에서 '사건의 특수성'이 의미를 가집니다. '대구 지하철 방화'는 의도적 범죄가 다중의 생명과 대중교통이라는 일상적 공간을 정면으로 파괴한 사건이었습니다. 초기 통제와 대피 체계의 빈틈이 겹치며, 단순한 안전 미비를 넘어 국가의 보호의무와 피해자의 절차적 권리가 어떤 상태였는지를 정면으로 묻는 계기가 되었습니다. 피해자 본인조차 사건 정보를 충분히 알기 어려웠고, 자신의 의견을 표현하거나 반영되기까지도 많은 제약이 따랐습니다. 사회가 만들어낸 상처였음에도 심리·의료·경제적 지원에서 충분히 책임지지 못한 현실은, 피해자의 문제를 더 이상 주변적 사안으로 머무를 수 없게 했습니다.

그렇다면 변화의 동력은 어디에서 왔을까요? 사건 자체의 충격이었을까요, 아니면 이미 형성되어 있던 사회적 조건(공론장·시민사회·정치적 수용성)이 사건을 증폭기처럼 작동하게 했던 것일까요? 만약 같은 규모·유형의 참사가 10년 혹은 20년 앞서 발생했다면, 우리는 같은 속도와 방향으로 '권리의 언어'를 제도화했을까요, 아니면 다시 '관리의 언어'에 머물렀을까요? 이 질문은 또 다른 반문을 낳습니다. 그러면 지금의 우리는 어떨까요? 놓치고 있는 다른 이의 아픔과 권리가 있는 것은 아닐까요?

토론 거리

대구 지하철 방화 참사 이전에도 우리나라에는 크고 작은 인명 사고가 끊이지 않았습니다. 대구 지하철 방화 참사 이전의 10년간을 기준으로 자연재해를 제외한 대형 사고는 대략 아래와 같습니다(일부 사고는 누락되었을 수 있습니다).

그렇다면 왜 하필 2003년의 대구 지하철 방화 참사 이후에야 「범죄피해자보호법」이 만들어질 수 있었던 걸까요? 이 사고는 다른 사고와 어떤 차이점이 있을까요? 앞서 이야기한 정치, 사회, 경제, 문화적 배경 외에도 더 고려해볼 만한 사항이 있을까요?

#	발생 일시	사고·유형	사망/부상(사상자)	주요 원인·특징
1	1993-03-28	구포역 열차 전복	78/198(276)	선로 지반 침하, 무궁화호 4량 탈선
2	1993-04-19	논산 정신병원 화재	34/2(36)	담배꽁초 화재 추정
3	1993-07-26	아시아나 733편 추락(목포)	68/48(116)	악천후 속 무리한 시계접근 착륙 시도 실패
4	1993-10-10	서해훼리호 침몰(여객선)	292/12(304)	과적·악천후·대응 부실로 전복
5	1994-10-21	성수대교 붕괴	32/17(49)	용접 불량·피로균열 방치, 상판 48m 추락
6	1994-10-24	충주호 유람선 화재	30/33(63)	안전 점검과 당국 관리 소홀
7	1994-12-07	아현동 도시가스 폭발	12/101	지하 가스유출 및 폭발
8	1995-04-28	대구 상인동 가스폭발	101/202(303)	지하철 1호선 공사 중 가스관 파손 → 점화
9	1995-06-29	삼풍백화점 붕괴	502/937(1,439)	무단 증축·기둥 절단 등 구조 부실
10	1997-08-06	대한항공 801편 추락(괌)	229/25(254)	조종·항법 실수, 야간 착륙 실패
11	1999-10-30	인천 인현동 화재	56~57/78~80 (출처별 상이)	종업원 과실 화재 추정
12	2002-04-15	중국국제항공 129편 추락(김해)	129/37(166)	악천후·조종사 과실·관제 혼선
13	2003-02-18	대구 지하철 방화 참사	192/148(340)	방화+대피·통제 실패, 열차 2편 전소

참고 판례

※ 이번 토픽의 참고 판례의 경우 판결보다는 사건 자체의 중요도가 더 크기 때문에 판결문 대신 각 사건에 대한 이해도를 높일 수 있는 간단한 설명을 추가합니다.

대구 지하철 방화 참사(2003.2.18)

방화로 열차가 전소하며 대규모 인명 피해가 발생했습니다. 초동대응 실패와 대피 안내 부재로 피해가 커졌고, 피해자와 유가족들은 사고 초기 정보 접근조차 쉽지 않았고, 국가의 보호와 절차적 권리가 얼마나 미비했는지를 드러낸 참사였습니다.

밀양 여중생 성폭행 사건(2004)

다수 가해자의 반복적 성폭력이 드러났으나, 수사·보도 과정에서 피해자 비난과 2차 가해가 심각했던 사건입니다. 사건은 '피해자 중심' 조사·보호 체계의 필요성을 사회에 각인시켰습니다.

광주 인화학교 성폭행 사건(1990년대~2000년대, 2011년 공론화)

장애학생들이 교직원에게 장기간 성폭력·학대를 당했으나 폐쇄적 시설 탓에 호소 창구가 없었습니다. 뒤늦은 폭로 후에야 아동·장애인 대상 성범죄 처벌·보호를 강화하는 제도 개선이 추진되었습니다.

조두순 사건 (2008)

아동 대상 잔혹한 성폭력으로 사회적 공분이 컸고, 형량·출소 후 관리의 허점이 지적되었습니다. 피해자의 장기 트라우마와 수사와 사법 과정에서 드러난 피해자 보호의 한계가 조명되었으며, 전자감독·보호관찰 등 재범방지 장치 강화 논의가 확산된 사건입니다.

참고 법령

「범죄피해자보호법」 제8조(형사절차 참여보장 등)

① 국가는 범죄피해자가 해당 사건과 관련하여 수사담당자와 상담하거나 재판절차에 참여하여 진술하는 등 형사절차상의 권리를 행사할 수 있도록 보장하여야 한다.
② 국가는 범죄피해자가 요청하면 가해자에 대한 수사 결과, 공판기일, 재판 결과, 형 집행 및 보호관찰 집행 상황 등 형사절차 관련 정보를 대통령령으로 정하는 바에 따라 제공할 수 있다.

「형사소송법」 제163조의2 제1항(신뢰관계에 있는 자의 동석)

① 법원은 범죄로 인한 피해자를 증인으로 신문하는 경우 증인의 연령, 심신의 상태, 그 밖의 사정을 고려하여 증인이 현저하게 불안 또는 긴장을 느낄 우려가 있다고 인정하는 때에는 직권 또는 피해자·법정대리인·검사의 신청에 따라 피해자와 신뢰관계에 있는 자를 동석하게 할 수 있다.

「형사소송법」 제165조의2 제1항(비디오 등 중계장치 등에 의한 증인신문)

① 법원은 다음 각 호의 어느 하나에 해당하는 사람을 증인으로 신문하는 경우 상당하다고 인정할 때에는 검사와 피고인 또는 변호인의 의견을 들어 비디오 등 중계장치에 의한 중계시설을 통하여 신문하거나 가림 시설 등을 설치하고 신문할 수 있다.
  1. 「아동복지법」 제71조제1항제1호·제1호의2·제2호·제3호에 해당하는 죄의 피해자
  2. 「아동·청소년의 성보호에 관한 법률」 제7조, 제8조, 제11조부터 제15조까지 및 제17조제1항의 규정에 해당하는 죄의 대상이 되는 아동·청소년 또는 피해자
  3. 범죄의 성질, 증인의 나이, 심신의 상태, 피고인과의 관계, 그 밖의 사정으로 인하여 피고인 등과 대면하여 진술할 경우 심리적인 부담으로 정신의 평온을 현저하게 잃을 우려가 있다고 인정되는 사람

「형사소송법」 제245조의6(고소인 등에 대한 송부통지)

사법경찰관은 제245조의5제2호의 경우에는 그 송부한 날부터 7일 이내에 서면으로 고소인·고발인·피해자 또는 그 법정대리인(피해자가 사망한 경우에는 그 배우자·직계친족·형제자매를 포함한다)에게 사건을 검사에게 송치하지 아니하는 취지와 그 이유를 통지하여야 한다.

「형사소송법」 제259조의2(피해자 등에 대한 통지)

검사는 범죄로 인한 피해자 또는 그 법정대리인(피해자가 사망한 경우에는 그 배우자·직계친족·형제자매를 포함한다)의 신청이 있는 때에는 당해 사건의 공소제기여부, 공판의 일시·장소, 재판결과, 피의자·피고인의 구속·석방 등 구금에 관한 사실 등을 신속하게 통지하여야 한다.

「형사소송법」 제294조의3 제1항(피해자 진술의 비공개)

① 법원은 범죄로 인한 피해자를 증인으로 신문하는 경우 당해 피해자·법정대리인 또는 검사의 신청에 따라 피해자의 사생활의 비밀이나 신변보호를 위하여 필요하다고 인정하는 때에는 결정으로 심리를 공개하지 아니할 수 있다.

「형사소송법」 제294조의4(피해자 등의 공판기록 열람·등사)

① 소송계속 중인 사건의 피해자(피해자가 사망하거나 그 심신에 중대한 장애가 있는 경우에는 그 배우자 · 직계친족 및 형제자매를 포함한다), 피해자 본인의 법정대리인 또는 이들로부터 위임을 받은 피해자 본인의 배우자 · 직계친족 · 형제자매 · 변호사는 소송기록의 열람 또는 등사를 재판장에게 신청할 수 있다.

② 재판장은 제1항의 신청이 있는 때에는 지체 없이 검사, 피고인 또는 변호인에게 그 취지를 통지하여야 한다.

③ 재판장은 피해자 등의 권리구제 또는 제294조의2에 따른 진술권 보장을 위하여 필요하다고 인정하는 경우 소송기록의 열람 또는 등사를 허가하여야 한다. 다만, 제59조의2제2항제2호부터 제6호까지 중 어느 하나에 해당하는 경우 또는 심리의 상황을 고려하여 상당한 이유가 있는 경우에는 열람 또는 등사를 허가하지 아니할 수 있다.

④ 재판장이 제3항에 따라 등사를 허가하는 경우에는 등사한 소송기록의 사용목적을 제한하거나 적당하다고 인정하는 조건을 붙일 수 있다.

⑤ 재판장이 열람 또는 등사를 허가하지 아니하거나 사용 목적의 제한 또는 조건을 붙여 허가하는 경우에는 열람 또는 등사를 신청한 자에게 대법원규칙으로 정하는 바에 따라 그 이유를 통지하여야 한다.

⑥ 제1항에 따라 소송기록을 열람 또는 등사한 자는 열람 또는 등사에 의하여 알게 된 사항을 사용함에 있어서 부당히 관계인의 명예나 생활의 평온을 해하거나 수사와 재판에 지장을 주지 아니하도록 하여야 한다.

⑦ 제3항 및 제4항에 관한 재판에 대하여는 불복할 수 없다.

TOPIC 03

#피해자 국선변호사 #자기결정권 #형사조정 #재판 과정

피해자 국선변호사는 어떻게 일할까요?

"범죄피해자를 돕는 법률 지원의 단계별 과정"

지금부터 '피해자 국선변호사' 업무 과정을 가상의 사례로 함께 보겠습니다. 지역이나 기관, 변호사마다 진행 방식이 조금 다르니 참고용으로 봐주세요.

경찰에서 혐의를 인정하면 검찰로 사건을 '송치'합니다. 가벼운 사건이면 약식명령(벌금)을 하기도 합니다. 하지만 알고보니 가해자 B 씨는 상습 수배범이었고, 검사는 바로 '구공판' 결정을 합니다. 정식 재판을 받아 징역형을 받게 하려는 거죠.

재판이 열리면 법정에 출석합니다. 보통 지정된 좌석이 없기 때문에 출석시 피해자, 피해자 변호사 모두 방청석에 앉아야 합니다. 피해자가 증인으로 나와야하는 경우도 있는데 그럴 때는 법률적 지원은 물론, 가능한 만큼의 심리적 지원도 합니다.

1 피해자 국선변호사의 업무 진행 과정

피해자 변호사의 업무가 어떻게 진행되는지 이해를 돕기 위해 업무 진행 예시를 보여드리겠습니다. 아무래도 일반 피해자의 입장에서는 피해자 변호사를 선임해서 진행하기보다는 피해자 국선변호사와 만나게 되는 경우가 더 많을 거예요. 혹시 이제 막 피해자 국선변호사 업무를 시작하시는 전국의 변호사들에게도 작은 도움이라도 되면 좋겠습니다.

범죄피해자가 국선변호사의 도움을 어떻게 받게 되는지 구체적인 절차를 단계별로 살펴보겠습니다. 저는 피해자 국선 사건을 전담으로 하는 변호사가 아니고, 지역 또는 수사관마다 업무 방식이 다르기 때문에 모든 변호사들의 업무가 동일하게 진행될 수는 없다는 점을 말씀드립니다. 사건 성격이나 피해자 등의 특성상 아래에서 이야기하는 절차처럼 진행되지 못하는 경우도 상당히 있으므로, 아래의 흐름은 사건 진행 또는 업무 이해를 위한 참고용으로 봐 주시면 좋겠습니다.

2 피해자 국선변호사 지정과 사건 준비

성폭력 등 피해자 국선변호사 지정 대상 사건이 발생하고 사건이 접수되면, 피해자는 담당 수사관과 연락하게 됩니다. 여기서 경찰 수사관은 피해자에게 피해자 국선변호사의 도움을 받을 것인지를 확인합니다. 다만, 피해자가 명시적으로 거부 의사를 표시하는 경우에는 국선변호사를 선정하지 않을 수도 있긴 합니다. 피해자의 자기결정권을 존중하는 절차죠.

> **관련 법률**
>
> 「검사의 국선변호사 선정 등에 관한 규칙」 제8조(국선변호사 선정)
>
> ① 검사는 피해자에게 변호사가 없는 경우에는 직권으로 또는 피해자나 그 법정대리인(피해아동에 대해서는 아동학대행위자를 제외한다. 이하 같다)의 신청에 따라 국선변호사를 선정할 수 있다. 이 경우 국선변호사 선정은 특별한 사정이 없는 한 해당 사건의 관할 검찰청 소속 성폭력 또는 아동학대 전담검사가 한다.
> ② 검사는 피해자가 다음 각 호의 어느 하나에 해당하는 경우에는 국선변호사를 선정하여야 한다. 다만, 피해자가 명시적으로 거부의사를 표시하는 경우에는 국선변호사를 선정하지 아니할 수 있으며, 이 경우 피해자의 의사를 적은 서면을 해당 사건기록에 편철하여야 한다.
> 1. 미성년자인 피해자에게 법정대리인이 없는 경우
> 2. 미성년자인 피해자의 법정대리인이 신체 또는 정신적인 장애로 사물을 변별하거나 의사를 결정할 능력이 없거나 미약한 경우
> 3. 피해자가 법 제3조부터 제9조까지 또는 제15조(같은 법 제3조부터 제9조까지의 미수범으로 한정한다)에 해당하는 범죄로 피해를 입은 경우
> 4. 「아동학대범죄의 처벌 등에 관한 특례법」 제16조제6항에 해당하는 경우
> 5. 법 제27조제6항 단서(「장애인복지법」, 「아동·청소년의 성보호에 관한 법률」 및 「인신매매등방지 및 피해자보호 등에 관한 법률」 등 다른 법률에서 법 제27조제6항을 준용하는 경우를 포함한다)에 해당하는 경우
> ③ 사법경찰관은 피해자가 제2항 각 호의 어느 하나에 해당하는 사실을 알게 되었을 때에는 지체 없이 그 사실을 검사에게 보고하여야 한다.

피해자 국선변호사의 지정을 원하는 경우, 조금 아쉽지만 피해자는 신고 당일에 피해자 조사를 바로 받지는 못합니다. 피해자 국선변호사를 지정하는 절차를 거쳐야 하니까요. 국선변호사의 선정 절차 후, 피해자와 수사관 그리고 변호사의 시간을 조율해 조사 일정을 잡게 됩니다.

다만, 성폭력 피해를 당하신 경우에는 증거 보전에 특히 신경 써 주시길 부탁드립니다. 목욕, 세탁, 청소는 잠시 멈춰 주세요. 옷이나 몸에 남아 있는 체액, 머리카락, 섬유 조각 등이 훼손될 수 있기 때문입니다. 가능하다면 화장실 사용도 참고, 바로 병원이나 해바라기 센터로 가셔서 안내를 받은 뒤 필요한 조치를 하시는 게 좋습니다. 성범죄는 초기에 확보한 증거가 사건 진행에 결정적인 역할을 하므로, 잠시 불편하시더라도 그대로 유지해 주시는 것이 안전합니다. 요즘에는 속옷이나 옷의 안감, 심지어 침구류에서도 가해자의 DNA를 채취하기도 합니다. 이런 증거가 남아 있다면 사건이 훨씬 원활하게 진행될 수 있습니다. 따라서 옷을 갈아입거나 세탁하기 전에, 병원이나 해바라기 센터에서 안내를 받은 뒤에 조치해 주시는 것이 좋습니다.

3 조사 일정 조율 및 사전 준비

피해자 국선변호사는 해당 사건에 정식으로 선정되기 전, 검찰의 담당 수사관으로부터 몇 월 며칠에 피해자 조사가 있을 예정인데 그때 피해자 국선변호사로서 참석이 가능한지 확인을 받습니다. 만약 재판 등 다른 일정이 겹치지 않아 조사 참석이 가능하다면 해당 사건에 담당 변호사로 지정이 됩니다. 이런 연락은 사전에 지역의 검찰청에 피해자 국선변호사로 활동을 하겠다고 등록 신청을 한 변호사들에게 연락이 갑니다.

피해자 국선변호사로 선정이 되었으면 선정서를 팩스로 전송

받습니다. 그러면 선정서에는 피해자 또는 가해자의 간략한 '인적 사항'과 '범죄 사실', '조사 예정 시간과 장소' 등이 적혀 있습니다. 선정서에 적혀 있는 모든 내용을 확인하고, 필요에 따라 법률이나 자료 조사, 면담이나 상담을 추가로 하여 조사 일정을 준비합니다. 피해자의 기억이 가장 생생할 때이기 때문에 피해자가 많이 힘들어 하는 경우에는 가능한 만큼의 심리적 지원을 합니다. 이때 일반적으로 피해자 조사에 관하여는 '과장하지도 생략하지도 말고, 있었던 것을 사실 그대로 진술할 것'을 권하고는 합니다.

가끔 자신이 겪었던 피해 사실을 진술하기를 꺼리는 경우도 있습니다. 워낙 힘들었던 상황을 다시 입 밖으로 꺼내는 것을 두려워하는 경우가 대부분입니다. 하지만 안타깝게도 피해자가 직접 스스로 자신의 일을 진술하지 않으면 아무 일도 진행되지 못합니다. 이런 일을 피해자에게 잘 설명하고 힘을 내어 사건을 진행할 수 있도록 돕는 것도 피해자 변호사의 일이라고 생각합니다.

4 경찰 조사 참여와 보호조치

경찰 조사 당일이 되면 시간 맞춰 경찰서 또는 지역 해바라기센터를 방문합니다. 대략 2시간 안팎이 소요되는 것이 보통으로 보이지만, 사건의 심각성이나 상황에 따라 조사 시간은 정말 크게 달라질 수도 있습니다. 조사 전후로 피해자 또는 그 보호자와 추가 상담을 적당히 진행하기도 합니다. 피해자 조사와 관련된 '참여확인서' 또는 상담이 있는 경우 '상담확인서'도 작성합니다.

모든 피해자 상담에는 상담확인서를 작성하여, 사건 경과 기록 및 보수 지급서 첨부서류를 확보합니다. 사건에 따라 피해자가 스마트워치나 접근금지 등의 조치를 원하시기도 하는데, 이런 피해자 보호조치의 경우 담당 수사관과의 연계를 통해 처리합니다.

5 수사 과정의 제한적 역할

조사가 끝나면 수사가 진행되는데, 이때는 사실상 수사관의 시간입니다. 현행법상 변호사가 직접적으로 사건을 진행하거나 지휘할 수는 없습니다.

수사관이 피해 사실과 범죄 요건에 맞춰 수사를 진행합니다. 피해자 조사가 종료되면 참고인이나 가해자를 불러 조사한다거나, 피해자가 제출하는 사진 파일을 제출받거나, 필요한 경우 압수수색을 진행하는 등 증거 확보와 관련된 일이 진행됩니다. 하지만 안타깝게도 이런 수사 진행의 세세한 흐름을 피해자 국선변호사 또는 피해자에게 보고하지는 않습니다.

수사관이 추가 증거나 추가 진술, 경우에 따라 거짓말 탐지기 조사(폴리그래프 심리검사)가 필요한 경우 피해자 또는 피해자 국선변호사를 통해 합니다. 하지만 우리도 혐의 판단에 필요한 쟁점이나 법리, 피해의 영향, 현재 병원 치료 내역 등을 필요시 제출합니다. 법률적인 의견 제시가 필요한 사건의 경우 피해자 변호사 의견서를 작성하여 수사기관에 제출합니다. 피해자는 증거자료 외에도 탄원서를 제출하기도 합니다.

만약 우리 사건이 형사사법포털에 등록된 사건이라면, 형사사법포털 사이트를 통해서 편리하게 사건 진행 과정을 확인할 수도 있습니다. 피해자도 자신의 피해 사건에 대해서 직접 확인할 수도 있습니다. 만약 사건이 등록되지 않았거나 추가 문의가 필요하다면, 전화를 통해 수사관과 통화하여 사건의 진행을 확인하고 피해자와 필요한 추가 대응을 논의합니다.

6 검찰 단계와 사건 처리

경찰 조사가 종료되고 혐의없음으로 불송치 결정이 나는 경우 사건은 거기에서 종료되기도 합니다. 피해자와 연락 후 이의신청을 할 것인지를 확인할 수도 있습니다.

만약 경찰에서 혐의가 인정되어 검찰로 사건이 '송치'되면, 검사가 사건을 검토합니다. 그리고 수사를 진행한 다음에 혐의가 없다고 판단되면 불기소처분을 하고, 혐의가 있다고 보이면 사건에 따라 '약식명령(벌금)', 또는 '구공판'을 결정합니다. 구공판은 '공식 재판을 요구한다.'라는 뜻으로 생각하면 되는데, 우리가 흔히 아는 형사재판 절차(정식 재판)로 보내는 겁니다. 보통 범죄가 무거워서 벌금 이상의 형(징역형 등)을 받아야 하는 사건이라고 생각하면 '구공판' 처분을 하죠.

이 과정에서 피해자 국선변호사는 필요시 피해자 변호사 의견서를 제출하는데요. 피해자의 현재 피해가 여전히 심각하다거나, 법리적으로 가해자의 범죄 혐의가 확실하므로 엄한 처벌이 필요하다는 취지의 의견을 제출하기도 합니다. 경찰 혹은 검찰 단계 모두 피해자 변호사에게 수사 중인 사건의 정보를 잘 알려주지는 못합니다. 그래서 증거 내역을 제대로 알지 못한 채 대응해야 하는 점이 안타깝지만 현실입니다.

7 (경우에 따른) 형사조정 절차의 활용

검찰 단계에서 가해자의 혐의가 법리적으로 불확실하여 불기소 처분으로 사건을 종결시키기도 하고, 경찰에게 수사를 보완해 달라는 보완 수사 결정을 해서 사건이 다시 경찰로 가기도 합니다. 이 경우 경찰 단계를 반복합니다. 검사실에서는 만약 가해자의 혐의가 인정되더라도 사건의 성격상 당사자 합의가 필요하다 싶으면 '형사조정'을 제안하기도 합니다. '형사조정'을 하게 되면 피해자 국선변호사는 형사조정 절차에 대해서 피해자에게 설명을 해주고, 가능하면 형사조정 당일에도 참석하여 원만한 조정으로 사건이 잘 해결되도록 돕습니다. 당사자의 감정이 쌓여 있는 경우 서로 간에 오해가 없도록 최대한 도와주는 것도 좋은 해결 방안이 됩니다.

8 재판 과정에서의 변호사 참여

검사가 공소장을 법원에 제출(기소)하여 사건이 법원으로 넘어가면(구공판) 사건 번호를 확인하고 공소장도 열람복사를 신청하여 발급받습니다. 안타깝게도 많은 사건에서 피해자 측은 공소장을 발급받는 것 정도가 최선입니다. 피고인 변호인처럼 재판에 제출되는 모든 자료를 검토할 수 없습니다. 사건 또는 재판부에 따라 공판조서나 피고인 변호인의 의견서를 복사 받을 수 있기도 하지만 법원 또는 재판부에 따라 다른 것 같습니다. 일반적으로는 공소장만 복사 받는 경우를 제일 많이 본 것 같아요.

재판 날짜가 잡히면 법원에서 통지를 해주는데, 사건이 겹치지 않으면 가급적 재판에 참석하여 경과를 확인합니다. 왜 가급적인가 하면, 피해자 국선변호사의 출석은 피고인 재판을 여는 데 필수요건이 아닙니다. 그래서 피해자 국선변호사가 출석하지 않아도 재판은 진행됩니다. 출석하고 싶어도 다른 피해자 사건과 재판이 겹치는 경우, 또는 내가 피고인을 맡고 있는 다른 재판과 시간이 겹치는 경우는 어쩔 수 없이 출석하지 못합니다. 피해자 국선변호사가 없어도 재판은 진행될 수 있지만, 변호인 없이 재판이 진행될 수는 없기 때문에 만약 사건이 겹친다면 변호인 사건을 우선하게 될 수밖에 없습니다.

피해자 국선변호사로 법원에 출석하면 방청석(또는 증인석 뒤 보조좌석)에 앉아서 재판 경과를 지켜봅니다. 피해자 변호사를 위해서 필기가 용이한 앞자리를 피해자 변호사 자리로 지정해준 법원도 있습니다. 하지만 이 경우에도 결국 '방청석'이기에 가끔 재판장님께서 내가 출석했음에도 출석 여부를 모르고 진행하시기도 합니다. 그러면 목소리를 내어 출석했음을 알리고 다시 앉아 재판을 참관합니다. 증인석 뒤 보조좌석에 앉는 경우는 그래도 재판장님의 허락을 받아야 출입이 가능한 곳에 자리가 있으므로, 재판장님께 피해자 변호사의 존재를 알릴 수는 있어서 그런 면에서는 차라리 낫기도 합니다. 재판 진행 도중에 피해자 변호사의 의견을 물어보시면 사건에 따라 적절히 대답도 합니다. 필요시 의견서를 작성하여 피해자의 목소리를 전달하기도 합니다. 아무리 방청석에 앉아 있더라도, 피해자 변호사는 피해자의 진술권을 보장해주는 존재이니까요.

재판 후 피해자나 그 보호자 또는 피해자를 돕는 조력인 분과 소통하여 재판 경과에 대해 이야기를 나눕니다. 요즘은 해바라기 센터 등 피해자 지원 기관에서도 재판 모니터링을 많이 하시기도 합니다. 재판이 여러 번 진행되면 여러 번 출석하여 그 경과를 이야기해 주기도 합니다. 만약 재판 도중에 피해자에 대해 증인 신문을 해야 하는 경우, 피해자에게 어떻게 재판이 진행되는지 알려주고 피해자가 가해자와의 만남을 불편해한다거나 비공개 재판을 원하면 적절한 조치를 신청하여 피해자의 편의를 최대한 도와줍니다.

9 사건 종결과 사후 처리

재판 결과가 선고되면 그 결과를 가지고 피해자 등과 간략한 상담을 합니다. 만약 피고인이 항소나 상고를 하여 재판이 계속되면, 지속적으로 재판에 대한 안내를 이어나가다가 재판이 종료되면 피해자 국선변호사의 업무도 끝납니다.

> **관련 법률**
>
> **「검사의 국선변호사 선정 등에 관한 규칙」 제13조(국선변호사의 선정 기간)**
>
> ① 국선변호사의 선정 기간은 제16조에 따라 국선변호사의 선정이 취소되지 않는 한 다음 각 호의 구분에 따른 기간으로 한다. 다만, 다음 각 호에 따른 절차가 중첩되거나 연속하여 진행되는 경우에는 모든 절차가 종결된 때까지로 한다.
>
> 1. 범죄행위자가 불송치된 경우 : 검사가 「형사소송법」 제245조의5제2호 후단에 따라 사법경찰관에게 관계 서류와 증거물을 반환한 때까지. 다만, 불송치결정에 대하여 「형사소송법」 제245조의7제1항에 따른 이의신청이 있는 경우에는 이 항 제2호 또는 제3호에 따른 기간으로 한다.
> 2. 범죄행위자가 불기소된 경우 : 검사가 불기소처분을 한 때까지. 다만, 불기소처분에 대한 불복이 있을 때에는 그 불복절차가 기각결정으로 최종 종결된 때까지로 한다.
> 3. 범죄행위자가 기소된 경우 : 재판이 확정된 때까지
> 4. 범죄행위자가 아동보호사건·가정보호사건·소년보호사건(이하 "보호사건"이라 한다)으로 송치된 경우 : 보호처분 결정 또는 처분을 하지 아니한다는 결정이 확정된 때까지
> 5. 국선변호사가 「아동학대범죄의 처벌 등에 관한 특례법」 제48조제2항에 따라 피해아동보호명령사건에 대한 피해아동의 보조인이 된 경우 : 피해아동보호명령 결정(임시보호명령 결정은 제외한다)이 확정된 때까지
>
> ② 법무부장관은 제1항에도 불구하고 「아동학대범죄의 처벌 등에 관한 특례법」에 따른 피해아동보호명령사건 등 피해자 보호를 위하여 국선변호사 선정 기간을 연장할 필요가 있다고 인정하는 사건에 대해서는 직권으로 그 기간을 연장할 수 있다.

사건이 끝나면 피해자 국선변호사 업무도 끝납니다. 사건이 종료되면 피해자 국선변호사를 선정한 관할 검찰청에 그동안 피해자를 위하여 진행하였던 각종 서류나 상담 내역, 통화 기록이나 문자 내역 등을 정리하여 비용 청구를 합니다. 사건 진행이 길고 복잡할수록 이 자료들이 길고 많은데, 그렇더라도 어쩔 수 없이 하나하나 정리해서 제출해야 관련 비용을 후에 지급 받을 수 있습니다. 비용 청구는 수사 단계나, 1심, 2심이 끝난 시기에는 나

눠서 청구도 할 수 있어서 그렇게 청구하기도 합니다.

    이 과정은 2025년 9월을 기준으로 진행되는 피해자 국선변호사 업무에 대한 이야기입니다. 앞으로 각종 제도가 달라지면 업무 절차도 달라지겠지만 큰 틀에서 피해자를 위하는 것 자체가 달라질 일은 없을 거라 믿습니다.

 **토론 거리**

- 피해자 국선변호사 제도를 개선하려면 무엇이 가장 시급할까요?
- 법정에서 피해자의 목소리가 더 잘 들리게 하려면 어떤 제도적 장치가 보안돼야 할까요?

참고 법령

「성폭력범죄의 처벌 등에 관한 특례법」 제27조
(성폭력범죄피해자에 대한 변호사 선임의 특례)

① 성폭력범죄의 피해자 및 그 법정대리인(이하 "피해자등"이라 한다)은 형사절차상 입을 수 있는 피해를 방어하고 법률적 조력을 보장하기 위하여 변호사를 선임할 수 있다.

…

⑥ 검사는 피해자에게 변호사가 없는 경우 국선변호사를 선정하여 형사절차에서 피해자의 권익을 보호할 수 있다. 다만, 19세 미만 피해자등에게 변호사가 없는 경우에는 국선변호사를 선정하여야 한다.

아동학대범죄의 처벌 등에 관한 특례법 제16조 제6항
(피해아동에 대한 변호사 선임의 특례)

⑥ 검사는 피해아동에게 변호사가 없는 경우 형사 및 아동보호 절차에서 피해아동의 권익을 보호하기 위하여 국선변호사를 선정하여야 한다.

「검사의 국선변호사 선정 등에 관한 규칙」 제1조의2(정의)

1. "피해자"란 다음 각 목의 어느 하나에 해당하는 사람을 말한다.
   가. 「성폭력범죄의 처벌 등에 관한 특례법」(이하 "법"이라 한다) 제2조제1항에 따른 성폭력범죄의 피해자
   나. 「아동·청소년의 성보호에 관한 법률」 제2조제2호의 아동·청소년대상 성범죄의 피해자
   다. 「아동학대범죄의 처벌 등에 관한 특례법」 제2조제6호에 따른 피해아동
   라. 「장애인복지법」 제2조제4항에 따른 장애인학대관련범죄의 피해장애인
   마. 「인신매매등방지 및 피해자보호 등에 관한 법률」 제2조제2호에 따른 인신매매등범죄의 피해자
   바. 「스토킹범죄의 처벌 등에 관한 법률」 제2조제3호에 따른 피해자

「검사의 국선변호사 선정 등에 관한 규칙」 제8조(국선변호사 선정)

① 검사는 피해자에게 변호사가 없는 경우에는 직권으로 또는 피해자나 그 법정대리인(피해아동에 대해서는 아동학대행위자를 제외한다. 이하 같다)의 신청에 따라 국선변호사를 선정할 수 있다. 이 경우 국선변호사 선정은 특별한 사정이 없는 한 해당 사건의 관할 검찰청 소속 성폭력 또는 아동학대 전담검사가 한다.

② 검사는 피해자가 다음 각 호의 어느 하나에 해당하는 경우에는 국선변호사를 선정하여야 한다. 다만, 피해자가 명시적으로 거부의사를 표시하는 경우에는 국선변호사를 선정하지 아니할 수 있으며, 이 경우 피해자의 의사를 적은 서면을 해당 사건기록에 편철하여야 한다.
1. 미성년자인 피해자에게 법정대리인이 없는 경우
2. 미성년자인 피해자의 법정대리인이 신체 또는 정신적인 장애로 사물을 변별하거나 의사를 결정할 능력이 없거나 미약한 경우
3. 피해자가 법 제3조부터 제9조까지 또는 제15조(같은 법 제3조부터 제9조까지의 미수범으로 한정한다)에 해당하는 범죄로 피해를 입은 경우
4. 「아동학대범죄의 처벌 등에 관한 특례법」 제16조제6항에 해당하는 경우
5. 법 제27조제6항 단서(「장애인복지법」, 「아동·청소년의 성보호에 관한 법률」 및 「인신매매등방지 및 피해자보호 등에 관한 법률」 등 다른 법률에서 법 제27조제6항을 준용하는 경우를 포함한다)에 해당하는 경우

TOPIC 04

#형사소송법 #피해자 권리 #피해자석 #피해자 중심

피해자의 권리, 부족하지만 나아지고 있습니다.

"기록을 읽고, 자리에 앉고, 목소리를 낼 수 있기를"

이번에는 현재 우리나라 피해자 관련 제도의 아쉬운 점과 앞으로 변화해 나갈 모습에 대해 한 번 생각해보려고 합니다. 이전 화에서 말씀드린 대로 오늘은 마지막화입니다. 마지막까지 좋은 이야기 들려 드릴게요!

그래도 앞으로는 이런 답답함이 좀 줄어들지 않을까 기대합니다. 2025년 9월부터는 피해자나 피해자 변호사의 기록 열람을 원칙적으로 허가한다고 법이 바뀌거든요. 아직 충분하지는 않지만 이런 식으로 피해자 권리가 점차 보강될 것이라 생각합니다.

세계적으로도 피해자의 권리를 좀 더 강화하는 추세입니다. 이미 UN총회에서도 1985년에 범죄피해자에게 사건 해결과 사법 절차에 있어 다양한 정보공개, 참여권, 지원 보호 조치 등을 선언한 바 있습니다.

2012년에 와서는 EU에서도 피해자의 권리 보장을 위해, 피해자의 권리를 정보권, 지원권, 보호권, 참여권, 보상권이라는 영역으로 나누어 보장하고 있습니다. 현재도 이 지침은 계속 보강되고 있구요.

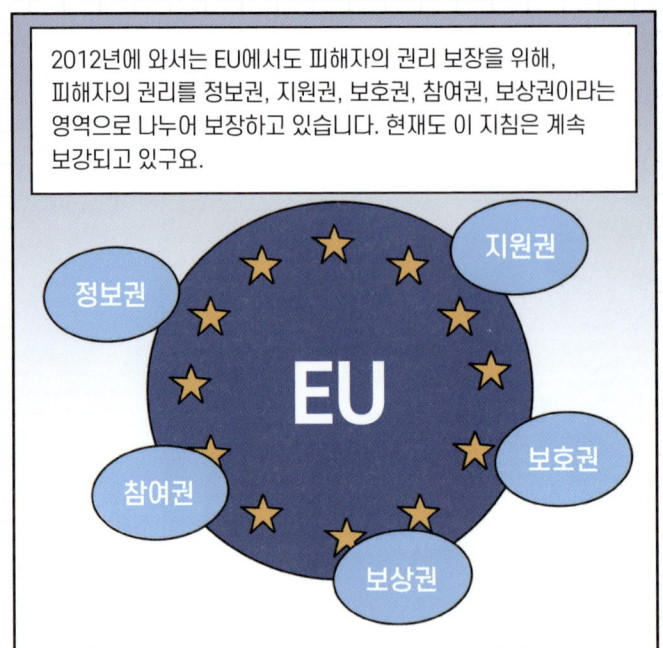

가해자의 '처벌', 그리고 피해자의 '회복'을 생각해 볼게요. 지금까지는 가해자를 어떻게 공정하게 '처벌'할지에 초점을 두었고, 그 과정에서 국가의 잘못이 없게 하는 것이 중요한 과제였습니다. 이 점은 앞으로도 여전히 간과할 수 없는 부분입니다.

1. 기록을 볼 수 있는 권리, 이제야 시작입니다.

　피해자 변호사로 재판에 참여하다 보면 재판 기록을 보는 데 어려움을 겪게 됩니다. 많은 피해자 변호사들이 이와 관련하여 불편함과 답답함을 호소하면서, 피해자 측에서 볼 수 있는 재판 기록을 더 늘려달라는 이야기가 오래 지속되고 있습니다.

　이는 「형사소송법」 제294조의4(피해자 등의 공판기록 열람·등사)에 따라 피해자가 재판 기록을 보는 것은 재판장이 허가할 수 있는 재량 규정이기 때문입니다. 하지만 2025년 9월 19일부터는 「형사소송법」이 개정되면서 피해자나 그 가족, 변호사가 기록 열람이나 복사를 신청하면, '재판장이 원칙적으로 허가해야 한다.'라고 명시됩니다. 법제처에서 밝힌 「형사소송법」의 개정 이유 및 주요내용은 다음과 같습니다.

> 범죄피해자의 알 권리 및 형사절차 참여권을 실질적으로 보장하기 위하여, 소송 계속 중인 사건의 피해자와 그 법정대리인 등이 소송기록의 열람 또는 등사를 신청하는 경우 재판장은 이를 원칙적으로 허가하되, 예외적으로 허가하지 아니하거나 사용 목적의 제한 또는 조건을 붙여 허가하는 경우에는 열람 또는 등사를 신청한 자에게 그 이유를 통지하도록 한다

　작은 표현의 차이지만 상황을 보고 허가 여부를 결정하는 것과 원칙적으로 허가를 해야 한다는 것은 다른 이야기입니다. 이를 통해 피해자의 알 권리와 재판 참여권이 실질적으로 보장될 것으로 많이 기대하고 있습니다.

　실제로 최근 피해자 변호사 자격으로 기록 전체를 열람하기도 하였습니다. 비록 법 시행 초기인 지금은 재판부마다 열람권에

대한 판단이 달라 좀 더 체계가 잡힐 필요가 있습니다. 모쪼록 앞으로도 더 피해자의 권리가 좀 더 보장될 수 있으면 좋겠네요.

2 피해자는 왜 '방청석'에만 앉아야 할까요?

현행 법정에서의 위치

피해자 변호사로 법정에 참여할 때면 피해자 변호사가 앉는 자리가 현재 피해자 권리를 대변하고 있다는 생각을 지울 수 없습니다. 보통 피해자 변호사는 방청 신청만 한다면 누구든지 앉아도 되는 방청석 한쪽에 자리를 잡게 됩니다.

경우에 따라 재판장님이 방청석보다는 가까운 자리에 앉도록 권하기도 합니다. 하지만 그 자리 또한 원래 피해자를 위한 자리가 아닌 구속된 피고인의 호송을 목적으로 한 교도관들의 자리입니다. 그래서 교도관님과 어색한 동석을 하는 경우도 종종 있었죠.

법정 내 '피해자석' 또는 '피해자 변호사석' 신설

피해자 측 대리인임에도 법정 구조상 자리가 따로 정해져 있지 않다는 사실은 우리 법 제도가 여전히 피해자의 존재보다는 피고인의 방어권에 더 집중하고 있음을 보여줍니다.

이런 현실을 바꾸기 위해서는 '피해자석'과 '피해자 변호사석'의 신설에 대한 논의가 필요합니다. 단지 자리가 아니라, 피해자가 형사절차의 '당사자'로 존중받고 있다는 상징이 될 수 있을 것입니다.

3 외국 사례로 알아보는 피해자 권리 보장

피해자 권리 보장은 국제적으로도 중요한 주제입니다. 프랑스, 독일, 일본은 형사절차 안에서 피해자의 역할과 참여 권한을 더 넓게 보장하고 있습니다. 한 번 살펴볼까요?

프랑스, 피해자도 직접 소송을 제기하는 사인 소추제도

프랑스의 경우 피해자는 우리나라 검사처럼 형사소송을 제기할 수도 있습니다. 이를 사인 소추제도라고 합니다. 이 경우 범죄피해자는 해당 형사소송의 당사자로서 증인신청 등 수사와 재판절차에 능동적으로 참여할 수 있습니다. 피해자가 판사에게 직접 피의자 신문, 참고인 신문, 현장 확인, 증거 수집을 비롯하여 진실 발견에 필요하다 인정되는 처분을 청구할 수 있어서 우리 현실에서는 아주 획기적인 제도라 할 수 있습니다. 재판장을 통해 증인이나 피고인에게 질문도 할 수 있으며, 최종 의견서를 제출할 수도 있죠. 현재 우리나라는 검사만이 형사소송을 제기할 수 있는 국가소추주의, 기소독점주의입니다. 하지만 이제 우리도 이런 제도를 검토할 때가 되지 않았나 싶네요.

독일, 제한적이지만 명확한 피해자 참여

독일 역시 사인 소추가 가능합니다. 다만, 프랑스가 검사에 의한 소추와 사인에 의한 소추를 나란히 인정하고 있는 것에 비해 독일은 사인 소추는 보완적으로 운용됩니다. 독일 「형사소송법」상 사인 소추 대상은 주거침입, 모욕, 비밀침해, 사해, 협박 등 일정한 범죄로 한정되어 있습니다. 그것도 공공의 이익이 없다거나 화해가 성립되지 않는 경우 등 특정한 조건이 갖춰져야 합니다.

그외에도 독일은 범죄피해자의 공판기일 출석권, 피고인·증인·감정인에 대한 질문권, 증거신청권, 최종진술을 포함한 의견진술권 등 범죄피해자에 대해 현재 우리나라 제도보다 월등히 많은 참여권이 보장되어 있습니다.

일본, 범죄피해자의 소송참가 제도

일본은 2007년 「형사소송법」을 개정하여 피해자의 소송참가 제도를 도입했습니다. 모든 범죄가 아니라 일부 강력범죄와 교통범죄로 한정되지만, 해당 범죄피해자에게는 공판기일 출석권, 증인신문권, 의견진술권 등이 보장됩니다. 물론 검사에게 신청 후 법원의 허가를 받아야 한다는 또 하나의 제약이 있긴 하지만 범죄피해자의 권리 보장 측면에서는 발전하고 있다고 보입니다. 적어도 현재 일본 법정에서는 재판관, 검찰관, 피고인, 변호인 외에 소송참가인인 피해자가 함께 앉아 있는 모습을 볼 수 있습니다.

더 알아보기

4 앞으로 나아갈 방향-피해자 중심 패러다임

피해자 권리 강화는 국제 사회의 시각에서 보면 당연한 흐름이라 할 수 있습니다. 1985년 UN에서는 범죄피해자 선언에서 피해자의 핵심권리를 정보권, 참여권, 지원권, 보호권으로 나눠 추구하였습니다. 2012년 유럽연합(EU)의 범죄피해자 지침에서는 이를 더 강화하여 맞춤 조치를 선언하고 있습니다. 모든 범죄피해자가 권리 존중, 차별금지의 원칙 아래 위에서 말한 권리들을 최소 수준 이상 보장받도록 하는 것이 목적입니다.

2012년 EU 범죄피해자 지침 주요 권리
- 정보제공권 : 최초 신고 시점부터 사건 진행 단계별 필수 정보 제공
- 절차참여권 : 진술·의견 제출, 통역·번역, 결정 통지
- 지원권 : 무료·비밀 피해자 지원센터, 심리·법률·의료 서비스
- 보호권 : 개별 위험·필요도 평가 → 2차피해 예방(분리 신문, 비공개 재판 등)
- 특별취약 피해자(아동·장애인 등)에 대한 맞춤 조치

그저 외국의 선진국이 하고 있기 때문에 막연히 우리도 따라가야 한다는 것은 아닙니다. 하지만 피해자 권리 보장은 우리나라만의 숙제가 아닙니다. 우리 사회의 인식 흐름, 국제규범적 측면 그 어떤 것을 고려해도 방향은 이미 정해져 있다고 보이거든요. 피해자가 단순한 참고인이 아니라, 절차의 당사자로서 참여하여야 합니다. 또한 법원도 피해자 중심의 시각을 가지며 피해자를 존중해야 할 것입니다. 우리나라도 각종 국제 제도를 참고해서 형사사범 전 과정에서 '피해자 중심 패러다임'이 갖춰지길 바랍니다.

- 피해자석, 우리 법정에도 필요할까요?
- 우리나라도 피해자가 직접 참여하는 제도가 필요할까요?
- 피해자 권리를 당연하게 여기는 사회가 되려면 어떤 제도가 더 필요할까요?

참고 법령

「형사소송법」 제294조의4 제3항(피해자 등의 공판기록 열람·등사)

③ 재판장은 피해자 등의 권리구제 또는 제294조의2에 따른 진술권 보장을 위하여 필요하다고 인정하는 경우 소송기록의 열람 또는 등사를 허가하여야 한다. 다만, 제59조의2제2항제2호부터 제6호까지 중 어느 하나에 해당하는 경우 또는 심리의 상황을 고려하여 상당한 이유가 있는 경우에는 열람 또는 등사를 허가하지 아니할 수 있다.

부록 01 한눈에 정리하는 법정용어

용어	정의
2차피해 (secondary victimisation)	• 범죄피해자가 원범죄로 인하여 받은 1차적 피해와는 별도로, 수사기관·재판·언론·가해자·주변인 등의 부적절한 대응이나 사회적 반응 때문에 새롭게 입거나 더욱 심화되는 정신적·신체적 고통, 권리침해, 불안·수치심 등의 추가 피해 • 즉, 범죄 자체가 아니라 그 이후의 제도적, 사회적, 개인적 대우로 비롯되는 2차적 상처
도달(到達)	• 법률적으로 상대방이 인식할 수 있는 상태에 이르는 것 • 전화벨이 울리거나 부재중 전화 표시가 뜨는 것 역시 '음향 또는 글이 도달했다'고 볼 수 있음
무기대등의 원칙	• 헌법 제27조 제1항 등에서 파생됨 • 형사재판에서 검사와 피고인(또는 변호인)이 동일한 절차적 기회와 수단으로 공격과 방어를 해야 한다는 원칙 • 일반적으로 국가는 수사·기소 권한을 가지고 있기에, 보통 피고인에 비하여 우위에 있으므로 피고인에게는 변호인 조력권을 기본으로 증거 열람·등사권, 반대신문권, 충분한 방어 준비시간 등이 보장되어야 공정한 재판이 성립함 • 즉, 무기대등의 원칙이란 강한 국가 권한과 맞설 피고인에게 '실질적 반격 수단'을 보장하라는 것
미필적 고의	• 어떤 행위를 할 때, 결과가 발생할 가능성을 충분히 인식하거나 예견하면서도 행위를 감행하는 마음 상태 • "이 정도면 피해자가 겁먹을 수도 있겠지?"라고 알면서도 계속 시도했다면 미필적 고의가 있다고 봄
법치주의	모든 권력 기관이 법에 따라 정당하게 권한을 행사해야 하며, 국민의 자유와 권리는 임의로 침해당하지 않는다는 개념
변호인의 조력	재판 과정에서 피고인이 변호인의 도움을 받아 방어 전략을 세우고, 자신의 주장을 충분히 펼칠 수 있는 권리
불법촬영	상대방 동의 없이, 신체를 촬영·녹화하거나 이를 저장·배포하는 행위
불안감·공포심	• 심리적으로 위축되거나 일상생활을 정상적으로 영위하기 어려운 정도의 두려움이나 초조감 • 소음 테러처럼 직접적인 신체 침해가 없어도 충분한 수준의 불안·공포를 유발할 수 있음

용어	정의
성적 대상화	사람을 인격체로 존중하지 않고, 오로지 성적 욕망을 충족시키는 대상으로만 바라보는 것
소지죄	불법적으로 생성된 음란물 등을 알고 있으면서 소장·저장하는 행위만으로도 성립되는 범죄
스토킹행위	• 상대방이 원하지 않는데도 집요하게 뒤쫓거나 연락·감시·소음을 유발하는 등 불안·공포심을 일으키는 행위 • 이런 행위가 '지속적·반복적'으로 이루어지면 범죄가 성립함
아동·청소년 성착취물	• 아동·청소년의 신체가 노출되거나 성적 행위가 담긴 영상·사진 등 • 이를 제작·소지·유포하면 법적으로 강하게 처벌됨
위법수집증거 배제법칙	고문, 협박, 불법 도청 등을 통해 수집한 증거는 재판에서 증거 능력이 인정되지 않는다는 원칙
위하(威嚇)	• 겁을 주어 막는다는 뜻 • 형벌이나 제재가 주는 두려움·경고 효과
위험범죄	• 범죄가 실제로 결과를 발생시키지 않았더라도, 위험을 야기하는 행위만으로도 처벌하는 범죄 • 스토킹범죄는 상대방이 실제로 공포심을 느꼈는지와 무관하게, '객관적으로 보아 그런 위험이 인정되면' 성립할 수 있는 위험범
적법절차 (due process)	국가가 국민의 자유를 제한하거나 형벌을 부과할 때, 헌법과 법률이 정한 절차를 반드시 준수해야 한다는 원칙
전파가능성 이론	• '공연성'에 관하여 개별적으로 소수의 사람에게 사실을 적시하였더라도 그 상대방이 불특정 또는 다수인에게 적시된 사실을 전파할 가능성이 있는 때에는 공연성이 인정된다는 것 • 사안에 따라 다를 수 있으나 1~2명처럼 매우 적은 사람이 이야기를 들었다 하더라도 '전파가능성'이 있을 수 있다는 것이 대법원의 일관된 입장으로 보임
정당한 이유	• 사회 통념상 용인될 수 있는 수준의 행동 또는 법률상 권리가 인정되는 행위 • 적정 시간대에 층간소음 문제 해결을 위해 관리사무소나 경찰에 연락하는 것은 '정당한 이유 있는 행위'일 수 있으나, 고의적으로 새벽까지 소음을 일으키는 행위는 이에 해당하지 않음

부록 02 #해시태그 LIST

숫자

2차피해 ·············· 229, 238

ㄱ

가중처벌 ·················· 173
고의적 ···················· 127
공공성 ···················· 021
공무원 폭행 ················ 059
공무집행방해 ················ 053
공문서변조죄 ················ 098
공문서위조 ················· 099
공정한 재판 ················· 114
교제폭력 ··················· 147

ㄷ

동물권 ···················· 040

ㅁ

면전모욕 ··················· 084
명예훼손 ··················· 069
모욕죄 ···················· 067
몰수 ······················ 187
미필적 고의 ················· 147

ㅂ

반복적 ···················· 127
방어권 ···················· 112
범죄피해자보호법 ············· 236
법치주의 ··················· 021
변호인 ···················· 227
부당한 절차 ················· 111

부재중 전화 ················· 146
불법촬영 ··················· 157
불이익변경의 금지 ············ 210

ㅅ

사기죄 ···················· 099
사문서위조 ················· 099
사이버모욕죄 ················ 085
사회통념 ··················· 037
상관모욕죄 ················· 081
선고절차 ··················· 112
성착취물 ··················· 159
스토킹범죄 ················· 146
스토킹행위 ················· 127

ㅇ

아청법 ···················· 157
압수 ······················ 188
약식기소 ··················· 199
약식명령 ··················· 200
업무방해 ··············· 038. 055
운전자 폭행죄 ··············· 172
운전 중 ···················· 172
음주운전 ··················· 185
인권 보호 ··················· 022

ㅈ

자기결정권 ················· 253
재산권 ···················· 189
재판 과정 ··················· 258
적법절차 ··················· 019
적법한 공무집행 ············· 057

정당행위 ·································· 035
정식기소 ·································· 199
정식재판청구 ····················· 197, 209

ㅊ

층간소음 ·································· 128
친고죄 ······································ 070

ㅌ

토렌트 ······································ 162
통수체계 ·································· 083
특별법 ······································ 175

ㅍ

표현의 자유 ····························· 070
피해자 국선변호사 ·········· 238, 252
피해자 권리 ····························· 272
피해자 변호사 ························· 226
피해자석 ·································· 271
피해자 중심 ····························· 273

ㅎ

형사소송법 ······························· 270
형사조정 ·································· 258
형종 상향의 금지 ··················· 211

박주원 변호사의
생활법률 특강

초판 1쇄 인쇄 2025년 11월 13일
초판 1쇄 발행 2026년 1월 30일

지은이 박주원, 한정수, 강소민

펴낸이 정용수
책임총괄 강선혜
편집장 차인태
편집 조은별
디자인 정은진
영업·마케팅 정경민, 이은혜
제작 김동명 **관리** 윤지연

펴낸곳 ㈜예문아카이브
출판등록 2016년 8월 8일 제2016-000240호
주소 경기도 파주시 광인사길 79 4층(문발동)
문의전화 02-2038-3372 **주문전화** 031-955-0550 **팩스** 031-955-0660
이메일 archive.rights@gmail.com **홈페이지** ymarchive.com **인스타그램** yeamoon.arv

ISBN 979-11-6386-521-6(03360)

ⓒ 박주원, 한정수, 강소민, 2025

㈜예문아카이브는 도서출판 예문사의 단행본 전문 출판 자회사입니다.
널리 이롭고 가치 있는 지식을 기록하겠습니다.
이 책 내용의 전부 또는 일부를 이용하려면 반드시 저작권자와 ㈜예문아카이브의 서면 동의를 받아야 합니다.
* 책값은 뒤표지에 있습니다. 잘못 만들어진 책은 구입하신 곳에서 바꿔드립니다.